BERNOLD BENDEL

Das Problem der weichenden Erben im Anerbenrecht

NEUE KÖLNER RECHTSWISSENSCHAFTLICHE ABHANDLUNGEN

HERAUSGEGEBEN VON

DER RECHTSWISSENSCHAFTLICHEN FAKULTÄT

DER UNIVERSITÄT ZU KÖLN

HEFT 13

Berlin 1959

WALTER DE GRUYTER & CO.

vormals G. J. Göschen'sche Verlagshandlung · J. Guttentag, Verlagsbuchhandlung
Georg Reimer · Karl J. Trübner · Veit & Comp.

Das Problem der weichenden Erben im Anerbenrecht

Von

Dr. Bernold Bendel

Düsseldorf

Berlin 1959

WALTER DE GRUYTER & CO.

vormals G. J. Göschen'sche Verlagshandlung · J. Guttentag, Verlagsbuchhandlung
Georg Reimer · Karl J. Trübner · Veit & Comp.

Archiv-Nr. 27 08 59 / 13
Satz: Walter de Gruyter & Co., Berlin W 35
Druck: Berliner Buchdruckerei Union G. m. b. H., Berlin SW 61

Vorwort

In der vorliegenden Arbeit soll versucht werden, die zentrale Frage des Anerbenrechts, nämlich die nach der Rechtssituation der weichenden Erben, zu beleuchten, und zwar dies abseits vom agrarpolitischen Tagesstreit nach rechtlichen Gesichtspunkten. Da aber die Form des Rechts aus dem lebendigen Organismus des Rechtsträgers, des Staates, dem es zugeordnet ist, erwächst, kann die Behandlung soziologischer, agrarpolitischer und betriebswirtschaftlicher Fragen nicht völlig ausgeschlossen werden.

Die Zusammenschau aller innerhalb der Fragestellung zu berücksichtigenden rechtsethischen und -dogmatischen, rechts- und wirtschaftspolitischen, soziologischen und betriebswirtschaftlichen Gesichtspunkte erfolgt im Hinblick auf die sozial-liberale Verfassung unseres Staates. Maßstab sind die Grundrechte und Garantien, wie sie im Grundgesetz verankert sind.

Düsseldorf, im März 1959

Dr. Bernold Bendel

Inhaltsverzeichnis

Literaturverzeichnis

Abel	Alterssicherung für Landwirte. In: Agrarwirtschaft 1956, S. 193ff.
Ahammer	Die Rechtsstellung der weichenden Erben. Diss. Erlangen 1938.
Barnstedt	Wirtschaftsfähigkeit bei einem ständig verpachteten Hof. In: Recht der Landwirtschaft 1956, S. 4ff.
Baron	Das Rentenprinzip im Dienste des Anerbgutes. In: Jahrbuch für Nationalökonomie und Staat, 3. Folge, Bd. 4, Jena 1893.
v. Baumbach	Die bäuerlichen Verhältnisse im Regierungsbezirk Kassel. In: Schriften des Vereins für Sozialpolitik, Bd. 22, S. 111ff.
Baumecker	Handbuch des gesamten Reichserbhofrechts. 3. Auflage, Köln 1935.
Baumgartner	Die Vererbung des landwirtschaftlichen Grundbesitzes in Bayern rechts des Rheines. In: Schriften des Vereins für Sozialpolitik, Bd. 178, Teil 1.
Bechtel	Die Vererbung ländlichen Grundbesitzes in Schlesien. In: Schriften des Vereins für Sozialpolitik, Bd. 178, Teil 1.
Beckmann	Anerbenrecht und Kreditnot. In: Landwirtschaftliche Zeitschrift für Westfalen und Lippe vom 27. 8. 1925.
Beismann	Die Rechtsstellung des Anerben. Diss. Göttingen 1931.
Bergmann	Die Bestimmung des Hoferben durch den kinderlosen Bauern. In: Schleswig-Holsteinische Anzeigen 1948, S. 233.
Bergmann	Die Aufhebung des REG, ihre Rechtsfolgen und die gegenwärtige Lage des Anerbenrechts. Diss. München 1949
Bericht	über die Lage der Landwirtschaft gemäß § 4 des Landwirtschaftsgesetzes. In: „Der Grüne Plan“, 1. Grüner Bericht, Bonn 1956.
Bericht	über die Lage der Landwirtschaft gemäß § 4 des Landwirtschaftsgesetzes. In: „Grüner Bericht 1957“, Bonn 1957.
v. Bethmann-Hollweg	Und die Landwirtschaft? In: „Die Zeit“ 1957, Nr. 1, S. 3.

Beutner — Grundzüge eines allgemeinesn Anerbrechts in rechtsvergleichender Darstellung. In: Gruchots Beiträge zur Erläuterung des deutschen Rechts, Jahrgang 69, S. 210ff.

v. Bissing — Die Erbgewohnheiten der ländlichen Grundeigentümer in den Provinzen Brandenburg, Pommern und Grenzmark sowie ihre Beeinflussung durch die Wirtschaftsentwicklung seit Kriegsende. In: Schriften des Vereins für Sozialpolitik, Bd. 178, Teil 1.

Blomeyer — Hat der Bauer Eigentum am Erbhof? Festschrift für Hübner, Jena 1935.

Bode — Die Rechte der weichenden Erben nach § 30 REG und das Verhältnis dieser Rechte zu den Erb- und Pflichtteilsansprüchen nach dem BGB. Diss. Göttingen 1936.

Böhmer (I) — Erbfolge und Erbenhaftung, Halle 1927.

Böhmer (II) — Erbrecht. In: Neumann, Nipperdey, Scheuner „Die Grundrechte“ Bd. II, Berlin 1954.

Böker (I) — Aktuelle betriebswirtschaftliche Fragen der Landwirtschaft. In: Landwirtschaft — angewandte Wissenschaft, Vorträge der 8. Hochschultagung, Bonn 1954.

Böker (II) — Betriebsgrößenfragen der Landwirtschaft Nordrhein-Westfalens. In: Arbeitsgemeinschaft für Rationalisierung des Landes Nordrhein-Westfalen, Heft 13, Dortmund 1956.

Bonse — Der überlebende Ehegatte als Hofvorerbe. In: Recht der Landwirtschaft, 1957, S. 61.

Bosch (I) — Die Regelung der Nachlaßverbindlichkeiten im Erbhofrecht. In: Bonner rechtswissenschaftliche Abhandlungen, Heft 31, Bonn 1934.

Bosch (II) — Die Situation im Ehe- und Familienrecht. In: Der Deutsche Rechtspfleger, Sonderdruck 1954, S. 12ff.

Braga — Zur Rechtsnatur des Pflichtteils. In: Archiv für die zivilistische Praxis, Bd. 153, S. 144ff.

Brentano (I) — Erbrechtspolitik. In: Gesammelte Aufsätze, Bd. I, Stuttgart 1899.

Brentano (II) — Diskussionsbeitrag. In: Schriften des Vereins für Sozialpolitik, Bd. 61, S. 279ff.

Brinkmann — Die Vererbung des landwirtschaftlichen Grundbesitzes in Baden nach dem Kriege. In: Schriften des Vereins für Sozialpolitik, Bd. 178, Teil 1.

Brugger — Der Anerbe und das Schicksal seiner Geschwister in mehreren Oberämtern des Württemberger Oberlandes. In: Berichte über Landwirtschaft. N. F. 121. Heft, 1936.

Buchenberger — Grundzüge der Agrarpolitik. Berlin 1897.

Bücher — In: Schriften des Vereins für Sozialpolitik, Bd. 61, S. 283.

Bücker — Der Übergabevertrag nach der Höfeordnung vom 24. 4. 1947 für die Britische Zone. Diss. Münster 1948.

Burghoff — Die Heimatzuflucht nach dem REG. Diss. Erlangen 1934.

Busch in Sering — Die Vererbung des ländlichen Grundbesitzes im Königsreich Preußen, XI, Provinz Westpreußen.

Busse — Erbhofrecht und Bürgerliches Recht. In: Recht des Reichsnährstandes, 1934, S. 279.

Cammerer — Der Erbhof mehrerer Miteigentümer. In: Deutsche Notar-Zeitschrift, 1934, S. 68ff.

Cammerer — Neues Bürgerliches Recht nach dem REG. In: Deutsche Juristenzeitung, 1934, S. 253.

Clasen — Schleswig-Holsteinisches Anerbenrecht in seiner geschichtlichen und heutigen Gestaltung. Diss. Rostock 1912.

Coing — Erbrecht. 9. Auflage, Tübingen 1953.

Cramer — Der Einfluß des Anerbenrechts auf Verschuldung und Besitzerhaltung, Berlin 1908.

Cüppers — Die Stellung der Landfrau in der Arbeitswirtschaft bäuerlicher Mittel- und Kleinbetriebe des Kreises Schleiden/Eifel. Diss. Bonn 1955.

Darmstaedter — Der Eigentumsbegriff des Bürgerlichen Gesetzbuches. In: Archiv für die zivilistische Praxis, Bd. 151, S. 311.

Dieckhoff — Die Grenzen der Testierfreiheit des Hofeigentümers in der Britischen Zone. In: Neue Juristische Wochenschrift, 1948, S. 330.

Diener — Wandlung des Eigentumsbegriffs. In: Deutsches Recht, 1935, S. 175.

v. Dietze (I) — Die Reform des ländlichen Erbrechts. In: Die Deutsche Landwirtschaft unter volks- und weltwirtschaftlichen Gesichtspunkten, Berlin 1932.

v. Dietze (II) — Die Vererbung des ländlichen Grundbesitzes in Mitteldeutschland. In: Schriften des Vereins für Sozialpolitik, Bd. 178, Teil 1.

v. Dietze (III) — Die deutsche Wirtschaftsnot und die ländliche Familie. In: Schriften des Vereins für Sozialpolitik, Bd. 182, S. 138ff.

Dölle — Lehrbuch des Reichserbhofrechts, 2. Auflage, Berlin 1939.

Domino — Die Rechtsstellung der weichenden Erben im deutschen Anerbenrecht. Diss. Kiel 1933.

Drescher — Die Vererbung des ländlichen Grundbesitzes in Frankreich. In: Schriften des Vereins für Sozialpolitik, Bd. 178, Teil 2.

v. Dultzig — Das deutsche Grunderbrecht in Vergangenheit, Gegenwart und Zukunft. In: Gierkes Untersuchungen zur Deutschen Staats- und Rechtsgeschichte, Bd. 58, Breslau 1899.

Eberhardt — Erbschaftsausschlagung durch „weichende Erben" und ihre Einwirkung auf deren Sonderstellung nach dem Erbhofrecht. In: Deutsche Juristenzeitung, 1933, S. 1280.

Ehrenforth — Neue Bestimmungen über Aufbaudarlehen zur Förderung landwirtschaftlicher Nebenerwerbsstellen. In: Recht der Landwirtschaft, 1955, S. 33ff.

Ehrenforth — Sicherung des Aufbaudarlehens für kriegssachgeschädigte Landwirte, Schätzungswert — Taxwert. In: Recht der Landwirtschaft, 1955, S. 39.

Eisenkrämer — Entwicklung, Struktur und Bedeutung der landwirtschaftlichen Nebenerwerbsbetriebe in Nordrhein-Westfalen. Diss. Bonn 1956.

Enders — Freiteilung oder geschlossene Hofübergabe? Diss. Bonn 1949.

Erman — Handkommentar zum Bürgerlichen Gesetzbuch, 2. Auflage Münster 1958.

Fischer — Erbhof- und Grundstücksverkehrsrecht. In: „Gesetz und Recht", 1948, S. 1313ff.

Fitzau — Zum Erbhofrecht. In: Deutsches Recht, 1933, S. 119.

Foag — Der Ertragswert bei Landgütern. In: Recht der Landwirtschaft, 1955, S. 5f.

Frinken — Die Rechtsstellung der weichenden Erben sowie des Ehegatten und der Eltern des Bauern im Erbhofrecht. In: Saures Beiträge zum Bauern- und Bodenrecht, Bd. 3, Berlin 1935.

Frisius — Zur Wirtschaftsfähigkeit eines weiblichen Hofübernehmers. In: Recht der Landwirtschaft, 1953, S. 208.

Fritzen — Fakultatives Höferecht in Realteilungsgebieten. In: Recht der Landwirtschaft, 1953, S. 319.

Fritzen — Ackernahrung als Begriff und Betriebsgröße. In: Recht der Landwirtschaft, 1955, S. 177.

Frommhold — Deutsches Anerbrecht. Greifswald, 1896.

Frost (I) — Anerbensitte und Realteilung. Berichte über Landwirtschaft. N. F. 14. Heft, Berlin, 1931.

Frost (II) — Die Vererbung des ländlichen Grundbesitzes in Belgien.

Frost (III)	Die Vererbung des ländlichen Grundbesitzes in Dänemark.
Frost (IV)	Die Vererbung des ländlichen Grundbesitzes in Norwegen. In: Schriften des Vereins für Sozialpolitik, Bd. 178, Teil 2.
Frühbuß	Die Rechtsstellung des überlebenden Ehegatten nach der Höfeordnung. Diss. Kiel 1950.
Fuchs	Die ländliche Vererbung in Württemberg-Hohenzollern. In: Schriften des Vereins für Sozialpolitik, Bd. 178, Teil 1.
Gau	Die bäuerlichen Verhältnisse im Eisenacher Oberlande des Großherzogtums Sachsen. In: Schriften des Vereins für Sozialpolitik, Bd. 22, S. 23ff.
Genkin u. a.	Sowjetisches Zivilrecht, Bd. 1, Berlin 1953.
Geuting und Gemmecke	Der Kapitalbesatz in verschiedenen Betriebssystemen und Betriebsgrößen der Niedersächsischen Landwirtschaft. In: Agrarwirtschaft, 1956, S. 100ff.
v. Gierke	Die Stellung des künftigen Bürgerlichen Gesetzbuches zum Erbrecht in ländlichen Grundbesitz. In: Schmollers Jahrbuch für Gesetzgebung, Verwaltung und Volkswirtschaft im Deutschen Reiche, Jahrgang 12.
Großmann in Sering	Die Vererbung des ländlichen Grundbesitzes im Königreich Preußen, VI, Provinz Hannover.
Gülland	Anerbfolge unter Lebenden. In: Deutsche Justiz, 1934, S. 576.
Günther	Das Rechtsverhältnis zwischen dem Anerben und den weichenden Erben nach der Höfeordnung für die Britische Zone im Vergleich mit den Vorschriften der vorhergehenden deutschen Anerbengesetze. Diss. Göttingen 1949.
Guggenheim	Das ländliche Erbrecht des schweizerischen Zivilgesetzbuches. Diss. Zürich 1909.
v. Gunten	Die Rechte der abzufindenden Erben im bäuerlichen Erbrecht des schweizerischen Zivilgesetzbuches. Diss. Bern 1944.
Haak	Anerbenrecht. In: Handwörterbuch der Rechtswisschenschaft Bd. 1, Berlin, 1926.
Hachenburg	Bericht über den Leipziger Juristentag. In: Deutsche Juristenzeitung, 1933, S. 1346.
Haegele	Hofübergabe und Hofvererbung in den Westzonen. Stuttgart 1949.
Häring	Das Gesetz Christi (Moraltheologie), 3. Auflage, Freiburg 1956.
Hagedorn	Die Bauernfähigkeit. In: Juristische Wochenschrift, 1934, S. 393.

Hainisch	Das bäuerliche Erbrecht. In: Schriften des Vereins für Sozialpolitik, Bd. 61, S. 251ff.
Hainisch	In: Schriften des Vereins für Sozialpolitik, Bd. 182, S. 162ff.
Hamann	Zur Abgrenzung von Enteignung und Sozialbindung. In: Neue Juristische Wochenschrift, 1952, S. 401.
Hansen	Erbrecht auf dem Lande in christlicher Schau. In: Kirchenzeitung für das Erzbistum Köln, 1953.
Harris u. Hill	Family Farm — Transfer Arrangements. In: Circular 860, University of Illinois, College of Agriculture, 1951.
Hartmann	Die neue Höfeordnung in Rheinland-Pfalz. In: Recht der Landwirtschaft, 1953, S. 291.
Hartmann	Höfeordnung in Rheinland-Pfalz. Mainz 1954.
Hase	Die Bäuerin im Anerbenrecht. In: Juristische Wochenschrift, 1934, S. 389.
Hawlitzky	Ausstattungsanspruch der Erbhoftochter. In: Juristische Wochenschrift, 1934, S. 2900.
Heilemann	Nachlaß-Erbenschuld. Diss. Marburg 1939.
Heim	Die bäuerlichen Verhältnisse im Herzogtum Sachsen-Meiningen. In: Schriften des Vereins für Sozialpolitik, Bd. 22, S. 1ff.
Heinrich	Die Verwirklichung der Gleichberechtigung von Mann und Frau im landwirtschaftlichen Betrieb. In: Recht der Landwirtschaft, 1954, S. 116ff.
Heinrich	Die Bewertung land- und forstwirtschaftlicher Grundstücke (Verkehrswert und Ertragswert). In: Recht der Landwirtschaft, 1955, S. 149ff.
Henrici	Die rechtliche Gleichstellung der Frau im bäuerlichen Familien- und Erbrecht. In: Recht der Landwirtschaft, 1953, S. 180ff.
Hensen	Der Lastenausgleich im Erbfall und bei der vorweggenommenen Erbfolge. In: Deutsche Notar-Zeitschrift, 1953, S. 84.
Hermes-Wygodzinsky	Anerbenrecht. In: Handwörterbuch der Staatswissenschaften, Bd. I, 4. Auflage, Jena 1923.
Herminghausen	Anmerkung zu dem Urteil des OLG Celle. In: Deutsche Notar-Zeitschrift, 1951, S. 555.
Herminghausen	Ermächtigung an den Ehegatten zur Bestimmung des Hoferben. In: Deutsche Notar-Zeitschrift, 1953, S. 244.
Herminghausen	(Anfrage 3) In: Recht der Landwirtschaft, 1950, S. 155.
Herminghausen	Zur Gleichberechtigung von Mann und Frau im Höferecht. In: Neue Juristische Wochenschrift, 1955, S. 1867.

Herschel — Erbhofeigenschaft und Erbhofzugehörigkeit. In: Juristische Wochenschrift, 1937, S. 2779.

Herschel — Rechtliche Eigenschaften im REG. In: Deutsche Justiz, 1934, S. 191.

Heuser — Vollerwerbs- und Nebenerwerbsbetriebe in der Landwirtschaft. In: Agrarwirtschaft, 1957, S. 97.

Hiller — Das bäuerliche Anerbenrecht in Württemberg. In: Archiv für die zivilistische Praxis, Bd. 120, S. 281.

Hofmeister — Die bäuerlichen Verhältnisse in der oldenburgischen Marsch. In: Schriften des Vereins für Sozialpolitik, Bd. 23, S. 25ff.

Hollje — Die Stellung der Witwe des Bauern nach der Höfeordnung vom 24. April 1947. In: Monatszeitschrift für Deutsches Recht, 1947, S. 283.

Huber — System und Geschichte des schweizerischen Privatrechts, Basel, 1888—1893.

Hübinger — Die Entwicklung des Anerbenrechts im Gebiet der Bundesrepublik Deutschland von 1900—1950. Diss. Erlangen 1950.

Ikeda — Die Hauserbfolge in Japan, 1903.

Jancke — Der Anerbe als Schuldner der Nachlaßverbindlichkeiten. Diss. München 1938.

Jessen — Die Vererbung des ländlichen Grundbesitzes in Hessen-Kassel, Hannover und Oldenburg. In: Schriften des Vereins für Sozialpolitik, Bd. 178, Teil 1.

Johannsen — Einige Fragen zum Abfindungsrecht der HO. In: Schleswig-Holsteinische Anzeigen, 1953, S. 21.

Kahlke — Einige soziologische und folkloristische Bemerkungen für ein kommendes Höferecht. In: Schleswig-Holsteinische Anzeigen, 1954, S. 80.

Kahlke — Über das norwegische Höferecht und seine sozialen Funktionen. In: Schleswig-Holsteinische Anzeigen, 1955, S. 243.

Kellen — Die ländliche Vererbung in der Rheinprovinz, insbesondere am Niederrhein, und das moderne Anerbenrechtsproblem. Diss. Tübingen 1931.

Klässel — Schuldenhaftung und Zwangsvollstreckung bei preußischen Familienfideikommissen. In: Juristische Wochenschrift, 1927, S. 747.

Kleinschmidt — Der bäuerliche Kredit. In: Deutsche Juristenzeitung, 1935, S. 1155.

Knitschky — Erbschaft und Erbteil. In: Archiv für die zivilistische Praxis, Bd. 91, S. 281.

Knubel — Das Wesen der Erbfolge nach dem REG vom 29. 9. 1933 in rechtsvergleichender Darstellung zum älteren bäuerlichen Erbrecht. Diss. Köln 1934.

Knur	Reform des Ehegüterrechts und die Gleichberechtigung von Mann und Frau. Deutscher Notartag, 1952, S. 43ff.
Köster	Reichserbhof, Belastungsverbot, Kapitalabfindung. In: Deutsche Notar-Zeitschrift, 1934, S. 662.
Kraft	Inwieweit sind Lasten bei der Einheitsbewertung des Grundbesitzes und inwieweit durch Abzug vom Gesamtvermögen zu berücksichtigen? In: Deutsche Steuerzeitung, 1935, S. 1213.
Kühl	Die Rechtsnatur der Anerbfolge nach dem REG und den Landesanerbengesetzen. Diss. Köln 1938.
Küper	Die Stellung der Landfrau in der Arbeitswirtschaft bäuerlicher Klein- und Mittelbetriebe des Kreises Moers. Diss. Bonn 1955.
v. Laer	Betrachtungen über die Einführung des Gesetzes vom 2. 7. 1898, betreffend das Anerbenrecht in der Provinz Westfalen. Münster 1898.
Lange	Die Rechtsstellung der Erben, wenn eine landwirtschaftliche Besitzung einer Erbengemeinschaft gehört. In: Schleswig-Holsteinische Anzeigen, 1949, S. 198.
Lange-Wulff	Die Höfeordnung. 4. Auflage, 1954.
Ledschbor	Die Anerbfolge in den Erbhofanteil des überlebenden Ehegatten bei dessen Lebzeiten. In: Deutsche Justiz, 1934, S. 870.
Lenz	Der Bauer als Schuldner nach dem REG. In: Juristische Wochenschrift, 1933, S. 2446.
Linckelmann	Höfegesetz für die Provinz Hannover, 3. Auflage, Hannover 1929.
v. Mangoldt	Das Bonner Grundgesetz, 1. Auflage, Berlin 1950.
v. Mangoldt-Klein	Das Bonner Grundgesetz, 2. Auflage, Berlin 1955.
McNulty	Farm Business for Father and Son. University of Minnesota, 1946. Ext. Bulletin 248.
v. Mendel	Die bäuerlichen Verhältnisse in der Oldenburgischen Geest. In: Schriften des Vereins für Sozialpolitik, Bd. 23, S. 39ff.
Merkel	Zur Erneuerung des bürgerlichen Rechts. Wandlungen im Sachenrecht. In: Recht des Reichsnährstandes, 1938, S. 1.
v. Miaskowsky	Das Erbrecht und die Grundeigentumsverteilung im Deutschen Reich. In: Schriften des Vereins für Sozialpolitik, Bd. 25.
Möllmann	Sollen die Betriebe des Garten-, Obst- und Gemüsebaues der HO unterstehen? In: Landwirtschaftliches Wochenblatt für Westfalen und Lippe, 1951, S. 1811.
Moser	Die Vererbung des bäuerlichen Grundbesitzes in der Schweiz. Diss. Bern 1931.

Müller-Wilm — Der Rechtscharakter der Hoferbfolge und sein Einfluß auf die Regelung der Nachlaßverbindlichkeiten. Diss. Kiel 1951.

Nelson, Lowry — Farm Retirement in Minnesota. University of Minnesota, Agr. Exp. Station, 1947. Bulletin 394.

Neukamm — Eine neue Wertart für landwirtschaftliche Liegenschaften: Der Schätzungswert. In: Agrarpolitische Revue, 1951/52, S. 37ff.

Nickol — Die HO der Britischen Besatzungszone. In: Monatsschrift für Deutsches Recht, 1947, S. 144.

Niehaus — Theorien, Vorschläge und Gesetze zur Agrarreform, Opladen 1947.

Oechßler — Das neue Höferecht im Vereinigten Wirtschaftsgebiet. In: Recht der Landwirtschaft, 1950, S. 140/180.

Oehlschläger — Bäuerliches Erbhofrecht und Hannoversche Hofgesetze. In: Juristische Wochenschrift, 1933, S. 1630.

Opitz — Die Vererbung des ländlichen Grundbesitzes in der Nachkriegszeit im Freistaat Sachsen. In: Schriften des Vereins für Sozialpolitik, Bd. 178, Teil 1.

Oswald — Beteiligungsverhältnisse in der Landwirtschaft. In: Deutsche Notar-Zeitschrift, 1957, S. 532.

Palandt — Bürgerliches Gesetzbuch, Kommentar, 15. Auflage, München 1956.

Pauli — Die Vererbung des bäuerlichen Grundbesitzes in der Schweiz. In: Schriften des Vereins für Sozialpolitik, Bd. 178, Teil 2.

Pechan — Vererbung des selbständigen ländlichen Grundbesitzes in der Provinz Ostpreußen in der Nachkriegszeit. In: Schriften des Vereins für Sozialpolitik, Bd. 178, Teil 1.

Petersen — Die bäuerlichen Verhältnisse in der bayerischen Rheinpfalz. In: Schriften des Vereins für Sozialpolitik, Bd. 22, S. 241ff.

Pikalo — Die Stellung der Frau im Landwirtschaftsrecht und die Gleichberechtigung von Mann und Frau. In: Recht der Landwirtschaft, 1952, S. 309.

Planck — Bürgerliches Gesetzbuch, Bd. VI, 1./2. Auflage, Berlin 1901.

Prange — Die Testierfreiheit in der Höfeordnung unter besonderer Berücksichtigung der Beschränkung des Hoferben. Diss. Münster, 1949.

Priebe — Die bäuerliche Familienwirtschaft in der wirtschaftlichen und sozialen Auseinandersetzung der Gegenwart. In: Agrarwirtschaft, 1957, S. 1ff.

Pritsch — Aus der Rechtsprechung des BGH in Landwirtschaftssachen. In: Monatsschrift für Deutsches Recht, 1951, S. 533.

Pritsch — Die Rechtsprechung des BGH zum Begriff der Wirtschaftsfähigkeit. In: Deutsche Notar-Zeitschrift, 1952, S. 199.

Pritsch — Höferecht in Rheinland-Pfalz. In: Deutsche Notar-Zeitschrift, 1953, S. 618.

Protokolle — der Kommission für die Zweite Lesung des Entwurfs des Bürgerlichen Gesetzbuches, Bd. VI, Berlin 1899.

Purps — Die rechtliche Stellung der Landfrau nach dem Familien-, Erb- und Höferecht. In: Berichte über Landwirtschaft. N. F. 31. Heft, 1953.

Puvogel — Zum Bericht der Bundesregierung über die Lage der Landwirtschaft. In: Agrarwirtschaft, 1956, S. 97 ff.

Ranke — Die Verhältnisse von drei Bauerngemeinden in der Umgebung Münchens. In: Schriften des Vereins für Sozialpolitik, Bd. 22, S. 273 ff.

Reinhold — Hoferbin und Wirtschaftsfähigkeit. In: Recht der Landwirtschaft, 1954, S. 295.

Reinicke — Die Rechtsstellung der Ehefrau nach der Höfeordnung. In: Landwirtschaftliches Wochenblatt für Westfalen und Lippe, 1951, S. 556.

Riedel — Die weichenden Erben im süddeutschen Bauernrecht. In: Recht der Landwirtschaft, 1950, S. 185.

Ries — Gegen Schwarzmalerei. In: Deutsche Landwirtwirtschaftliche Presse, 1954, S. 151.

Ries — Gesellschaftsvertrag statt Hofübergabe. In: Neue Mitteilungen für die Landwirtschaft, 1951, Heft 2.

Riesenfeld — Die Erbenhaftung nach dem Bürgerlichen Gesetzbuch, 2 Bände, Berlin 1916.

Rodbertus — Zur Erklärung und Abhilfe der heutigen Kreditnot des Grundbesitzes. Jena 1893.

Röhm (II) — Die soziale Entwicklung auf dem Lande im Blickpunkt der Landvolkswissenschaft.

Röhm (I) — Die wirtschaftlichen und sozialen Auswirkungen des Reichserbhofgesetzes und die Frage einer Neugestaltung des Erbrechts in den westdeutschen Kleinbauerngebieten. In: Berichte über Landwirtwirtschaft. N. F. 31. Heft, 1953.

Roemer — Zur formlosen Hoferbenbestimmung in der Rechtsprechung des BGH. In: Deutsche Notar-Zeitschrift, 1957, S. 283.

Rötelmann — Der Abfindungsergänzungsanspruch. In: Deutsche Notar-Zeitschrift, 1951, S. 532.

Rogge	Die Gestaltung der geschlossenen Vererbung in Westdeutschland. In: Schriften des Vereins für Sozialpolitik, Bd. 178, Teil 1.
Rothkegel	Landwirtschaftliche Schätzungslehre, Stuttgart 1947.
Runderlaß	des Ministers für Wiederaufbau: Bestimmungen über die Förderung des Wohnungs- und Neubaues (Kleinwohnungen und Kleinsiedlungen im Lande Nordrhein-Westfalen) vom 25. 1. 1951 (Min. Bl. NRW 1951, S. 182).
Sachs	Die Persönlichkeit des landwirtschaftlichen Unternehmers. In: Agrarwirtschaft, 1956, S. 183.
Saumbraus	Erbfolge kraft Höferecht und freie Bestimmung des Hoferben. In: Schleswig-Holsteinische Anzeigen, 1947, S. 281.
Saure	Weichende Erben und Bevölkerungspolitik. In: Recht des Reichsnährstandes, 1935, S. 881.
Saure	Über das Erbhofgesetz. In: Deutsche Justiz, 1934, S. 951.
Schapp	Boden- und Höferecht, Einbeck, 1948.
Scheffler	Besprechung zum Urteil des OLG Düsseldorf. In: Juristenzeitung, 1951, S. 20.
Schieck	Anmerkung zum Beschluß des OLG München. In: Juristische Wochenschrift, 1934, S. 3216.
Schmidt	Die Vererbung des ländlichen Grundbesitzes in der Nachkriegszeit in Österreich. In: Schriften des Vereins für Sozialpolitik, Bd. 178, Teil 2.
Schmidt	Die Ansprüche nach §§ 30, 31 REG. In: Juristische Wochenschrift, 1934, S. 815.
Schönbauer	Das Problem eines bäuerlichen Hof-Rechtes in rechtsgeschichtlicher und nationalökomomischer Bedeutung. In: Anzeiger der Österr. Akademie der Wissenschaften, Phil.-Hist. Klasse, 89. Jahrg., Wien 1952.
Schüler	Der Ehegattenerbhof. Leipzig 1938.
Schulte	Wie kann der Eigentümer einer landwirtschaftlichen Besitzung für seinen Todesfall seinen Ehegatten sichern und zugleich die Besitzung seinen Abkömmlingen erhalten? In: Deutsche Notar-Zeitschrift, 1953, S. 355.
Schulte	Formlose Bestimmung des Hoferben. In: Recht der Landwirtschaft, 1956, S. 177.
Schultz	Die Stellung des Hoferben unter besonderer Berücksichtigung seiner Beteiligung am sonstigen Nachlaß. Diss. Münster 1950.
Schultze	Fortbildung des Erbhofrechts. In: Deutsche Justiz, 1943, S. 469.
Seraphim	Die Vererbung des ländlichen Grundbesitzes in den beiden Mecklenburg. In: Schriften des Vereins für Sozialpolitik, Bd. 178, Teil 1.

Seraphim — Die Entschuldung der Landwirtschaft und die Neuordnung des Bodenrechts, Würzburg 1937.

Seraphim — Deutsche Bauern- und Landwirtschaftspolitik, Leipzig 1939.

Sering — Die Vererbung des ländlichen Grundbesitzes im Königreich Preußen. Berlin 1898—1907.

Sering — Die internationale Agrarkrise. In: Schriften des Vereins für Sozialpolitik, Bd. 182, S. 88ff.

Siegmann — Anmerkung zum Urteil des OLG Schleswig. In: Recht der Landwirtschaft, 1954, S. 192.

Spee in Sering — Die Vererbung des ländlichen Grundbesitzes im Königreich Preußen, V, OLG-Bezirk Hamm.

Stahl — Die Philosophie des Rechts nach geschichtlicher Ansicht. Heidelberg 1830—1837.

Steding — Das Leihwesen in der Landwirtschaft. In: Agrarwirtschaft, 1956, S. 299ff.

Stockmann — Die Vererbung des ländlichen Grundbesitzes in Schweden. In: Schriften des Vereins für Sozialpolitik, Bd. 178, Teil 2.

Stoll — Deutsches Bauernrecht, 4. Auflage, Tübingen 1943.

Stoll — Beiträge zum Erbhofrecht. Archiv für die zivilistische Praxis, Bd. 140, S. 320.

Stoll — Neues Erbhofrecht. Archiv für die zivilistische Praxis, Bd. 143, S. 215.

Strohal — Das Deutsche Erbrecht als Grundlage des Bürgerlichen Gesetzbuches. 3. Auflage, 2 Bände, Berlin 1904.

Suzuki — Die Entwicklung des japanischen Familienrechts unter dem Einfluß des europäischen Rechts. In: Zeitschrift für vergleichende Rechtswissenschaft, 1957, S. 181ff.

Thiel — Das bäuerliche Erbrecht. In: Schriften des Vereins für Sozialpolitik, Bd. 61, S. 239ff.

v. Thüngen-Roßbach — Die bäuerlichen Verhältnisse der Rhöngegend. In: Schriften des Vereins für Sozialpolitik, Bd. 24, S. 173ff.

Timmons-Barlowe — Farm Ownership in the Midwest. Iowa State College, Agr. Exp. Station Ames, 1949.

Tolle — Der erbhofrechtliche Pflichtteil. In: Juristische Wochenschrift, 1934, S. 273.

Tuor — Schweizerisches Zivilgesetzbuch, Bd. 3, 1929.

Verlautbarung — aus dem Kreise der Mitarbeiter der Höfeordnung. Sonderbeilage zu Heft 5/1947 der Hannoverschen Rechtspflege, S. 13ff.

Vogels — Das Reichserbhofgesetz. 4. Auflage, Berlin 1937, mit Nachtrag 1938.

Vogels	Die Erbhofrechtsverordnung vom 21. 12. 1936. In: Deutsche Justiz, 1937, S. 35ff.
Wagemann	Die Anerbengesetze in den deutschen und außerdeutschen Ländern. In: Schriften des Vereins für Sozialpolitik, Bd. 178, Teil 3.
Wagemann-Hopp	Reichserbhofgesetz, 3. Auflage, Berlin 1935.
Weber-Meinhold	Agrarpolitik, Berlin 1951.
Wetter	Hypotheken- und Kreditgewinnabgabe im Grundstücksverkehr. In: Deutsche Notar-Zeitschrift, 1952, S. 502.
Wieacker	Stillschweigende Hoferbenbestimmung? In: Deutsche Notar-Zeitschrift, 1957, S. 115.
Wigand	Die Provinzialrechte der Fürstenthümer Paderborn und Corvey in Westphalen nebst ihrer rechtsgeschichtlichen Entwicklung und Begründung. 3 Bände, Leipzig 1832.
Winkelmann	Die gegenwärtigen bäuerlichen Verhältnisse in der Provinz Westfalen. In: Schriften des Vereins für Sozialpolitik, Bd. 23, S. 12ff.
Wirth	Zur Frage der Abgrenzung landwirtschaftlicher Betriebe bei der amtlichen Betriebsstatistik. In: Agrarwirtschaft, 1957, S. 381.
Wöhrmann	Die Pflichtteilsansprüche nach dem REG. In: Juristische Wochenschrift, 1933, S. 2813.
Wöhrmann	Das erbhoffreie Vermögen. In: Juristische Wochenschrift, 1934, S. 800.
Wöhrmann	Erbhofeigenschaft und Erbhofzugehörigkeit. In: Juristische Wochenschrift, 1935, S. 2532.
Wöhrmann	Der Schuldner der Versorgungsansprüche der §§ 30, 31 REG. In: Juristische Wochenschrift, 1935, S. 3194.
Wöhrmann (I)	Das Reichserbhofrecht. 3. Auflage, Berlin 1939.
Wöhrmann (II)	Das Landwirtschaftsrecht der Britischen Zone. Bleckede 1951.
Wöhrmann	Die Bestimmung des Hoferben durch den kinderlosen Bauern. In: Schleswig-Holsteinische Anzeigen, 1949, S. 112.
Wöhrmann	Die Verteilung des hofesfreien Vermögens nach der britischen Höfeordnung. In: Recht der Landwirtschaft, 1950, S. 237.
Wöhrmann	Zur Gleichberechtigung von Mann und Frau. In: Recht der Landwirtschaft, 1954, S. 266.

Zeitungsnotiz	über eine Verlautbarung des Niedersächsischen Landvolkverbandes (Bauern sorgen sich um den Hoferben). In: Die Welt vom 24. 12. 1957, S. 4.
Zimmer	Die Aufgaben des Notars nach dem Preußischen Bäuerlichen Erbhofrecht vom 15. Mai 1933. In: Deutsche Notar-Zeitschrift, 1933, S. 392ff.
v. Zwehl	Das Erbhofrecht. In: Juristische Wochenschrift, 1933, S. 1289ff.
Zur Erbhofkreditfrage	In: Deutsche Justiz 1936, S. 82.

Begründung der Bundesregierung zu dem Entwurf eines Höfegesetzes vom 7. 11. 1955 — 8330/2—16, 945/45

Gesetzesregister

Altershilfeges.	Gesetz über eine Altershilfe für Landwirte vom 27. 7. 1957 (BGBl. I S. 1063).
Baden (alt)	Gesetz die geschlossenen Hofgüter betreffend vom 20. 8. 1898 (Bad. GVBl. S. 405).
(neu)	In der Fassung des Gesetzes vom 12. 7. 1949 (GVBl. S. 288).
Bayern	Gesetz die landwirtschaftlichen Erbgüter betreffend vom 22. 2. 1855 (GBl. S. 49).
BER	Bäuerliches Erbhofrecht vom 15. 5. 1933 (Preuß. Ges. Samml. S. 165).
Brandenburg	Landgüterordnung für die Provinz Brandenburg vom 10. 7. 1883 (Preuß. Ges. Samml. S. 111).
Braunschweig	Gesetz den bäuerlichen Grundbesitz betreffend vom 28. 3. 1874 (GVOSamml. S. 43).
Bremen (alt)	Gesetz betreffend das Höferecht im Landgebiete vom 18. 7. 1899 (GBl. S. 321) in der Fassung des Gesetzes vom 29. 6. 1923 (GBl. S. 407).
(neu)	In der Fassung des Gesetzes vom 19. 7. 1948 (GBl. S. 124).
Familienrechtsentw. II	Entwurf eines Gesetzes über die Gleichberechtigung von Mann und Frau auf dem Gebiete des bürgerl. Rechts vom 29. 1. 1954 (Dr. 2247).
GG	Grundgesetz für die Bundesrepublik Deutschland vom 23. 5. 1949 (BGBl. I S. 1).
Gleichber. G.	Gesetz über die Gleichberechtigung von Mann und Frau auf dem Gebiet des bürgerlichen Rechts vom 18. 6. 1957 (BGBl. I S. 609).
Hannover	Höfegesetz für die Provinz Hannover in der Fassung vom 9. 8. 1909 (Ges. Samml. S. 663).
Hessen (alt)	Gesetz die landwirtschaftlichen Erbgüter betreffend vom 11. 9. 1858 (RBl. S. 537).
(neu)	Hessische Landgüterordnung vom 1. 12. 1947 (GVBl. S. 12).
HO	Höfeordnung für die Britische Zone vom 24. 4. 1947, Anlage B zur Verordnung der Militärregierung Nr. 84 (VOBl. BZ 1947 S. 25).
Kassel	Landgüterordnung für den Regierungsbezirk Kassel mit Ausnahme des Kreises Rinteln vom 1. 7. 1887 (Ges. Samml. S. 315).

Lauenburg	Gesetz betreffend das Höferecht im Kreise Herzogtum Lauenburg vom 21. 2. 1881 (Ges. Samml. S. 19).
Lippe	Gesetz über die Anerbengüter vom 26. 3. 1924 (Ges. Samml. S. 557).
Mecklenburg-Schwerin	Verordnung zur Ausführung des Bürgerlichen Gesetzbuches vom 9. 4. 1899 (Reg. Bl. S. 152).
Mecklenburg-Strelitz	Gesetz über das Anerbenrecht vom 20. 4. 1922 in der Fassung des Gesetzes vom 8. 4. 1926 (Amtl. Anz. S. 223).
NiedersachsenEntw.	Bundeshöfeordnung (Entwurf des Rechtsausschusses des Niedersächsischen Landvolkes vom 13. 9. 1954).
Österreich	Gesetz vom 1. 4. 1889 betreffend die Einführung besonderer Erbteilungsvorschriften für landwirtschaftliche Besitzungen mittlerer Größe (RGBl. S. 197).
Tirol (alt)	Ges. vom 12. 6. 1900 betr. die bes. Rechtsverhältnisse geschlossener Höfe, wirksam für die Grafschaft Tirol i. d. F. vom 26. 1. 1928.
(neu)	Südtiroler Höfegesetz vom 29. 3. 1954 in der Fassung vom 2. 9. 1954.
Kärnten	Gesetz vom 16. 9. 1903, wirksam für das Herzogtum Kärnten, betreffend die Einführung besonderer Erbteilungsvorschriften für landwirtschaftliche Besitzungen mittlerer Größe (Erbhöfe) (LGVBl. Kärnten S. 213).
Preußisches Rentengutanerbengesetz	Gesetz betreffend das Anerbenrecht bei Renten- und Ansiedlungsgütern vom 8. 6. 1896 (Ges. Samml. S. 124).
REG	Reichserbhofgesetz vom 29. 9. 1933 (RGBl. I S. 685).
EHRV	Erbhofrechtsverordnung vom 21. 12. 1936 (RGBl. I S. 1069).
EHFV	Erbhoffortbildungsverordnung vom 30. 9. 1943 (RGBl. I S. 549).
Reg. Entw.	Höfegesetz (Entwurf vom 7. 11. 1955—8330/2—16 945/55—).
Rheinland-Pfalz	Landesgestz über die Einführung einer Höfeordnung in Rheinland-Pfalz vom 7. 10. 1953.
SachsenEntw.	Entwurf eines Gesetzes über das Anerbenrecht (Landtagsvorlage 1929 Nr. 19).
Schaumburg	Gesetz betreffend das Höferecht im Kreise Grafschaft Schaumburg vom 9. 7. 1910 (Preuß. Ges. Samml. S. 113).
Schaumburg-Lippe	Gesetz betreffend die geschlossenen Bauernhöfe und das Anerbenrecht vom 24. 3. 1909 (Schaumburg-Lippische Landesverord. S. 371).

Schlesien	Landgüterordnung für die Provinz Schlesien vom 24. 4. 1884 (Ges. Samml. S. 121).
Schleswig-Holstein	Landgüterordnung für die Provinz Schleswig-Holstein mit Ausnahme des Kreises Lauenburg vom 2. 4. 1886 (Ges. Samml. S. 117).
Waldeck	Gesetz über das Anerbenrecht bei land- und forstwirtschaftlichen Besitzungen vom 27. 12. 1909 (Waldecksches Reg. Bl. S. 1).
Westfalen	Gesetz betreffend das Anerbenrecht bei Landgütern in der Provinz Westfalen und in den Kreisen Rees, Essen (Land), Essen (Stadt), Duisburg, Ruhrort und Mülheim an der Ruhr vom 2. 7. 1898 (Ges. Samml. S. 139).
Württemberg (alt)	Gesetz über das Anerbenrecht vom 14. 2. 1930 (Württembergisches Reg. Bl. S. 5),
-Hohenzollern (neu)	in der Fassung des Gesetzes vom 13. 6. 1950 (Reg. Bl. S. 249).
ZGB	Schweizerisches Zivilgesetzbuch vom 10. 12. 1907.
Tschechoslowakei	Gesetz vom 30. 1. 1920, womit im Sinne des § 10 des Gesetzes vom 16. 4. 1919 (S. d. G. u. V. Nr. 115) Bestimmungen über die Zuteilung des beschlagnahmten Bodens erlassen und die Rechtsverhältnisse am beschlagnahmten Boden geregelt werden (Zuteilungsgesetz) (S. d. G. u. V. 1920 S. 159 Nr. 81).
Dänemark	Verordnung über das Testationsrecht der freien Bauern vom 13. 5. 1769.
Norwegen	Gesetz betreffend das Odels- und Aasaederecht vom 26. 6. 1821.

Einleitung

Anerbenrecht ist landwirtschaftliches Sondererbrecht. Es beruht auf alter bäuerlicher Erbsitte, nach der eine landwirtschaftliche Besitzung abweichend vom allgemeinen Recht geschlossen einem der Erben des Erblassers, dem Anerben, zufällt. Die anderen Miterben, die sogenannten weichenden Erben, haben bezüglich der landwirtschaftlichen Besitzung Abfindungs- und (oder) Versorgungsrechte gegen den Anerben[1]).

Diese Erbsitte findet sich seit dem ausgehenden Mittelalter in wechselnder Ausgestaltung in weiten Teilen Deutschlands, Österreichs, Hollands, Norwegens, Schwedens und der Schweiz. Sie hat vielfach eine gesetzliche Fixierung gefunden[2]). Wenn der Bereich des gesetzlich geregelten Anerbenrechts weniger weit reicht als die Anerbensitte, so beruht dies auf dem fehlenden Bedürfnis nach der gesetzlichen Regelung des Intestatanerbfalles, zum Beispiel wegen der Sitte, Gutsüberlassungsverträge abzuschließen[3]).

In den oben skizzierten Anerbengebieten Europas lagen und liegen die Voraussetzungen für das Anerbenrecht vor. Denn Anerbenrecht findet sich dort, wo freies und unbeschränktes Eigentum an landwirtschaftlich genutztem Grund und Boden besteht und wo die Rechtsüberzeugung herrscht, daß landwirtschaftliche Besitzungen im Erbfall geschlossen auf einen der Miterben übergehen müssen.

Anerbenrecht kann dort keinen Bestand haben,

1. wo freies Eigentum an landwirtschaftlich genutztem Grund und Boden nicht vorhanden ist, vielmehr der Staat dem Einzelnen oder der Familie nur ein Nutzungsrecht an dem Grund und Boden zuweist[4]);

2. wo das Eigentum am Grund und Boden zugunsten der Familie beschränkt ist, da hier ein Wechsel von freiem Eigentum fehlt. Hierhin gehören die Familienfideikommisse, deren Zweck die wirtschaftliche und soziale Stützung der Familie ist, ebenso im englischen Recht die

---

[1]) Vgl. § 1 Abs. 3 des Reichsanerbengesetzentwurfes von 1925 (zit. b. Kellen S. 25).

[2]) Vgl. Lange-Wulff S. 12.

[3]) Vgl. v. Dietze (I) S. 689.

[4]) z. B. in Rußland in der zweiten Etappe der Agrarrevolution; hierzu § 21 des Russischen Agrargesetzbuches von 1922: „Beim Tod eines Mitgliedes der Hoffamilie wächst dessen Anteil am Nutzungsrecht den Überlebenden zu". S. Niehaus S. 6, Genkin u. a. Bd. II, S. 54ff. (70).

settlements und die entails und im montenegrischen Recht die Zadruga[5])[6]);

3. wo bereits die allgemeine Landesgesetzgebung vorschreibt, daß im Erbfall der ungeteilte Übergang sei es des ganzen Vermögens, sei es des Grundbesitzes auf einen einzigen Erben erfolgt. So erhielt zum Beispiel in Japan (ähnlich in China) der ,,Haus"erbe das ,,Haus"vermögen mit der Verpflichtung, die Familienangehörigen zu unterhalten[7]). In England ging auf Grund der Inheritance Act von 1833 (bis zur Erb- und Grundrechtsreform von 1925, insbesondere Administration of Estates Act) die ganze ,,real property" auf den ältesten Sohn als heir-at-law über[8]);

4. wo die Entwicklung auf die Ausgestaltung des Heimstättenrechts hingezielt hat und dadurch dem Bauernstand ein weitgehender Bestandsschutz gewährt ist[9]);

5. wo das Anerbenrecht als Eingriff in die Grundprinzipien des Rechtslebens empfunden würde[10])[11]).

Die Zielsetzung ist im Anerbenrecht immer einheitlich, nämlich die Erhaltung des Bauernstandes[12]). Die Zwecksetzung aber war von politischen, seit Beginn der Industrialisierung von wirtschaftspolitischen und schließlich von völkischen, nationalen, ideologischen und sonstigen Gesichtspunkten bestimmt[13]). Zwei auch heute noch stets genannte Aufgaben, die man dem Anerbenrecht zur Bewältigung zuweist, sind die der

---

[5]) Vgl. Mont. allg. Vermögensrechtliches Gesetzbuch von 1888; nach serbischer Rechtsanschauung hatte sich die Zadruga bereits zum freien Eigentum des Inhabers entwickelt.

[6]) Das REG konnte einigen Meinungen zufolge, die das Eigentum am Erbhof als Treuhandeigentum der Familie ansahen, folglich kein Anerbenrecht im eigentlichen Sinne sein; vgl. Dölle S. 17, 240; Knubel S. 41; auch Schapp S. 123; Diener DR 1935/175.

[7]) Vgl. über die Entwicklung der rechtlichen Regelungen im japanischen Familien- und Erbrecht seit der Tokugawa-Zeit: Suzuki, S. 181ff.; Ikeda.

[8]) Vgl. Böhmer (I) S. 8.

[9]) z. B. in Serbien die Baština, in Frankreich die biens de famille, in USA die homestead; letztere ist kein Anerbengut, sondern gewährt bisweilen — ähnlich dem Anerbenrecht — dem Ehegatten und den minderjährigen Geschwistern Versorgungsrechte auf dem Hof.

[10]) So sind die Gebiete des Geltungsbereiches des Code Civil dem Anerbenrecht weitgehend verschlossen. Die Einführung eines Höfegesetzes in Rheinland-Pfalz als typischem Realteilungsgebiet widerspricht der Feststellung nicht. Denn einerseits dringt seit einiger Zeit die Anerbensitte immer mehr in die Realteilungsgebiete ein (vgl. unten), andererseits ist ein fakultatives Anerbenrecht keine direkte Tangierung des weitverbreiteten Rechtsempfindens, vgl. Fritzen RdL 1953/319; a. A. Haag S. 139.

Unter dem Einfluß des KRG Nr. 45 Art. IV streben auch die Gerichte einen Rechtszustand an, der der geschlossenen Vererbung gleichkommt, vgl. BGH, RdL 1951/244 mit Anm. von Schulte, OLG Stuttgart RdL 1954/188.

[11]) Zum Ganzen: Beutner S. 210ff.

[12]) Dieses Ziel fehlt nicht unbedingt in Realteilungsgebieten, vgl. Fritzen a. a. O.

[13]) Vgl. Domino S. 11, Haak S. 139, Hansen S. 749, Fritzen a. a. O., Vogels S. 173ff.

Verhinderung der Gutszersplitterung und der Gutsüberschuldung. Daß damit aber Aufgaben, die der öffentlich-rechtlichen Sphäre obliegen, in die Privatrechtssphäre (das Erbrecht) verschoben werden, wurde verkannt.

Daraus traten im Anerbenrecht Schwierigkeiten in bezug auf die Stellung der weichenden Erben zum Nachlaß auf. Denn nach allgemeinem Recht stand allen zur Erbfolge berufenen Personen[14]) ein gleiches Erbrecht an dem Grundeigentum des Erblassers zu, seit die deutschrechtliche Regelung der begrenzten Erbfolge der männlichen Nachkommen — wenigstens in das Grundvermögen — überwunden war[15]). Demgegenüber sind die andersgestalteten Erbrechte der weichenden Erben bezüglich der zum Nachlaß gehörenden landwirtschaftlichen Besitzung ein Wesenszug des Anerbenrechts. Die Andersartigkeit der Rechte der weichenden Erben kommt insbesondere darin zum Ausdruck, daß sie nicht (dauernd) am Eigentum der landwirtschaftlichen Besitzung beteiligt werden. Diese formungleiche Behandlung der weichenden Erben wirkte in der Anerbensitte dahin, ihnen wenigstens eine wertmäßige Gleichstellung mit dem Anerben zu verschaffen[16]). Denn das Sprichwort „Der Bauer hat nur *ein* Kind" galt nur für den Hof als geschlossene Wirtschaftseinheit, nicht aber für den Nachlaß als Wertobjekt[17]). Hierhin konnte aber ein für die oben genannten Aufgaben zweckgebundenes Anerbenrecht nur mehr oder weniger weit folgen[18]).

So mußte es kommen, daß der Gesetzgeber bei der Schaffung eines Anerbenrechts zwar gerne auf die Anerbensitte als solche (wie sie sich auch heute noch in den Testaterbfällen und in den Hofübergabeverträgen zeigt) zurückgriff. Aber entweder wollte er deren Ausgestaltung nicht übernehmen oder, wo sie ihm genehm war, gleichzeitig jedoch den geltenden Rechtsprinzipien widersprach, eine Anpassung nicht vornehmen. Eine Homogenität zwischen dem Anerbenrecht einerseits und der Anerbensitte oder der geltenden Rechtsordnung andererseits konnte nur selten voll erreicht werden.

Das Ergebnis ist, daß das Anerbenrecht insgesamt und jede in ihm enthaltene Vorschrift in irgendeiner Form die weichenden Erben berührt, und zwar dergestalt, daß sie durchweg schlechter als nach der Anerbensitte oder dem allgemeinen Recht gestellt sind.

---

[14]) Hierzu im einzelnen Böhmer (I) S. 8f.

[15]) Vgl. Knubel S. 15f., Böhmer (I) S. 8.

[16]) Vgl. Röhm (I) S. 352; auch v. Miaskowsky S. 3.

[17]) Vgl. Schönbauer S. 306f., 311.

[18]) Vgl. hierzu: Brentano (I) S. 167f., (II) S. 281; Thiel S. 246; Gierke S. 10ff.; Frommhold S. 30; Hainisch S. 266; Bücher S. 283f.; Guggenheim S. 15ff.

Die Stellung der weichenden Erben zu dem Institut des Anerbenrechts.

Wurde oben gesagt, das Anerbenrecht als solches berühre bereits die weichenden Erben, so bedarf dies der näheren Erörterung.

Das Problem der weichenden Erben im Anerbenrecht ist ein Problem des Gleichheitsgrundsatzes, wie er sich aus Art. 3 GG ergibt.

Der Blick richtet sich aber nicht nur auf die Rechtsstellung der weichenden Erben, wie sie das Anerbenrecht im Intestaterbfall festlegt[19], sondern zunächst einmal auf das Institut des Anerbenrechts selbst. Denn aus diesem resultieren erst sekundär die gegenüber dem allgemeinen Recht andersgearteten Erbrechte der weichenden Erben bezüglich des Hofes. Die weichenden Erben haben ein direktes Interesse daran, daß nicht schon durch das Anerbenrecht als solches die Rechte des Eigentümers an einer landwirtschaftlichen Besitzung tangiert werden, jedenfalls nicht über das verfassungsmäßig zulässige Maß hinaus. Da nämlich mit der Unterstellung der landwirtschaftlichen Besitzung unter Anerbenrecht die Möglichkeit des Eigentümers, über die landwirtschaftliche Besitzung (letztwillig oder unter Lebenden) zu verfügen, berührt und sogar beschränkt wird, wird das Erbrecht der weichenden Erben hinsichtlich der landwirtschaftlichen Besitzung im gleichen Maße festgelegt.

Es fragt sich also, ob Anerbenrecht, dessen Entstehungsvoraussetzungen in unserer Rechtsordnung gegeben sind[20]), mit der dem Eigentümer gewährten Garantie seines Eigentums (Art. 14 GG) vereinbar ist.

§ 903 BGB bestimmt, daß der Eigentümer einer Sache mit ihr nach Belieben verfahren kann. Mit diesem Grundsatz ist ausgesprochen, daß das Eigentum das umfassendste Herrschaftsrecht an einer Sache ist. Das Eigentum, so verstanden, beinhaltet damit gleichzeitig das Recht des Eigentümers, über die Sache letztwillig zu verfügen; denn die letztwillige Verfügung ist ja nur eine der möglichen Verfügungen des Rechtsträgers. Aus diesem Grunde bestimmt zum Beispiel Art. 64 EGBGB, daß das landesgesetzliche Anerbenrecht nicht das Recht des Erblassers, letztwillig über seine landwirtschaftliche Besitzung zu verfügen, beschränken darf.

Die umfassende Herrschaftsmacht des Eigentümers über die Sache ist durch § 903 BGB aber auch eingeschränkt, soweit Gesetze und Rechte Dritter ihr entgegenstehen. Ein solches entgegenstehendes Gesetz kann ein Anerbengesetz für die von ihm erfaßten landwirtschaftlichen Besitzungen sein.

Um Klarheit darüber zu erhalten, ob das Anerbenrecht wirklich das Eigentum an einer landwirtschaftlichen Besitzung einschränkt, bedarf es der Prüfung, wie das Anerbenrecht auf die Verfügungsmacht des Eigentümers über eine landwirtschaftliche Besitzung einwirken kann.

---

[19]) Nur Dänemark kannte in seinem Erbgesetz von 1843 § 27 das Anerbenrecht als Testatanerbenrecht.

[20]) Siehe S. 2f.; Böhmer (II) S. 401ff.

In den Anerbengesetzen haben sich im wesentlichen drei Möglichkeiten entwickelt, wie eine landwirtschaftliche Besitzung dem Anerbenrecht unterstehen oder unterstellt werden kann:

a) Die geeignete landwirtschaftliche Besitzung wird nur auf Antrag des Eigentümers dem Anerbenrecht unterstellt (sogenantes mittelbares Anerbenrecht). Durch die Eintragung in ein Register (zum Beispiel Höferolle) erhält die landwirtschaftliche Besitzung die sogenannte Hofeigenschaft. Die Unterstellung unter Anerbenrecht kann immer — oft nur unter erschwerten Bedingungen[21] — durch beantragte Löschung im Register aufgehoben oder die Geltung des Anerbenrechts für einen Erbfall durch Verfügung von Todes wegen ausgeschlossen werden[22].

b) Die geeignete landwirtschaftliche Besitzung wird kraft Gesetzes dem Anerbenrecht unterstellt (sogenanntes unmittelbares Anerbenrecht). Die Eintragung in ein Register hat nur deklatorische Wirkung. Bei einigen Gesetzen kann der Eigentümer wie beim mittelbaren Anerbenrecht die Geltung des Anerbenrechts für immer aufheben oder für einen Erbfall ausschließen[23]. Andere Gesetze sehen diese Möglichkeit nicht vor; dann spricht man von Zwangsanerbenrecht[24].

c) Eine besondere Art hat das schweizerische ZGB geschaffen: der Grundsatz des Anerbenrechts (Übergang des Hofes auf einen der Miterben unter Abfindung der übrigen Miterben) gilt — mit Ausnahme für die Bergbauernbetriebe (Art. 621 quarter ZGB) — potentiell für alle landwirtschaftlichen Gewerbe direkt. Die Zuweisung des landwirtschaftlichen Gewerbes an einen der Miterben erfolgt aber nur und erst, wenn sich einer der Miterben auf das Zuweisungsrecht beruft (Art. 620, 625 ZGB)[25].

Der Unterschied zwischen den beiden Grundformen, dem mittelbaren und dem unmittelbaren Anerbenrecht, liegt darin, daß bei diesem die Vererbung einer landwirtschaftlichen Besitzung vom Gesetzgeber potentiell, aufhebbar oder nicht ausschließbar, abweichend vom allgemeinen Erbrecht, festgelegt wird, während bei jenem die Wirksamkeit des Anerbenrechts ausschließlich von einer Willensäußerung des Eigentümers abhängt; in dieser Willensäußerung kann dann eine quasi-letztwillige Verfügung dergestalt gesehen werden, daß der Eigentümer seinen Hof nach einer vom Gesetzgeber aufgestellten Regel vererbt wissen will[26] [27].

---

[21]) Vgl. Rheinland-Pfalz § 6.

[22]) So z. B. Hannover § 2, Brandenburg § 5, Kassel § 4, Bremen (alt) §§ 3, 7, Württemberg (alt) Art. 2, Waldeck § 28; v. Dietze (I) S. 688.

[23]) Vgl. z. B. Preuß. Zwangsaufl. Ges. § 165, Schaumburg-Lippe §§ 1 ff., HO § 19 Abs. 5 i. V. m. VO ü. d. Aufhebung der Hofeigenschaft v. 4. 3. 1949, NRWGVBl. 1949/67; vgl. auch Reg. Entw. §§ 1, 2.

[24]) z. B. REG, HO, Norwegen 1821 § 14, Tschechoslowakei §§ 37 Nr. 4, 39.

[25]) Vgl. Guggenheim S. 105.

[26]) Auch die Beibehaltung des ausschließbaren unmittelbaren Anerbenrechts durch den Eigentümer kann als solche angesehen werden.

[27]) Vgl. Wöhrmann JW 1933/2813; RdL 1955/4 (§ 10): Dort klingt die gleiche Tendenz an; auch Häring S. 1201.

Es ergibt sich also, daß das unmittelbare Anerbenrecht den Eigentümer in seinem Herrschaftsbereich tangiert[28]), dies aber nur potentiell, soweit das Anerbenrecht selbst nur potentiell und ausschließbar ist; denn der Eigentümer ist nicht in seinem Recht gehindert, Verfügungen über die landwirtschaftliche Besitzung zu treffen. Er kann von Todes wegen und, soweit das Anerbenrecht auch sonstige rechtsgeschäftliche Verfügungen zuläßt, unter Lebenden nach Ausschluß des Anerbenrechts verfügen[29]). Anders verhält es sich beim Zwangsanerbenrecht. Durch den Ausschluß der Möglichkeit, die landwirtschaftliche Besitzung für immer oder für einen Einzelfall vom Anerbenrecht auszunehmen, ist der Eigentümer in seiner Verfügungsfreiheit über die landwirtschaftliche Besitzung beschränkt.

Es fragt sich, ob für diesen Eingriff in die Herrschaftsgewalt des Eigentümers eine Notwendigkeit vorliegt. Eine solche Notwendigkeit für ein Anerbenrecht in der Form des Zwangsanerbenrechts wäre dann gegeben, wenn das Ziel, die Zersplitterung und die Überschuldung der landwirtschaftlichen Besitzungen im Erbgang zu vermeiden, nur durch ein Zwangsanerbenrecht erreicht werden könnte.

Das ist aber nicht der Fall. Denn dieses Ziel kann, wie die Erfahrung gezeigt hat, durch aufhebbares unmittelbares[30]) oder — insbesondere in Gebieten mit fester Anerbensitte[31]) — durch mittelbares Anerbenrecht ebenso gut und sicher wie mit Zwangsanerbenrecht erreicht werden[32]). Nur bei dem Willen, außerhalb des unmittelbaren landwirtschaftlichen Interessenbereiches liegende Ziel zu erreichen[33]), oder in der irrigen Meinung, Anerbenrecht sei ein agrarpolitisches Allheilmittel und erhalte insbesondere die einmal gegebene Zahl und Größe landwirtschaftlicher Besitzungen[34]), konnte ein Zwangsanerbenrecht Geltung gewinnen.

Die fehlende Notwendigkeit eines Zwangsanerbenrechts bewirkt, daß der Eingriff als solcher unzulässig, also daß das Zwangsanerbenrecht verfassungswidrig ist[35]).

---

[28]) Eine andere Frage ist die nach den Teilungsverboten; diese schließen nicht die letztwillige Verfügung, sondern nur die Verwirklichung gesetzwidriger Teilungsanordnungen aus: vgl. ZGB Art. 616.

[29]) Ries (Dtsch. Ldw. Presse 1954/151) verlangt ausdrücklich, daß der Bauer ebenso frei wie jeder andere Vermögensträger in der Handhabung seines Eigentums sein müsse.

[30]) Vgl. die Weiteranwendung der HO im Rheinland.

[31]) Vgl. die Anwendung des Hannoverschen Gesetzes.

[32]) Dem hat sich auch der Reg.Entw. nicht verschließen können: vgl. §§ 2 Abs. 3 S. 2, 16 Abs. 1, 19; für Rheinland-Pfalz vgl. RdL 1955/266, 1956/155.

Im übrigen ist die Bereitschaft zur geschlossenen Vererbung oder Übergabe direkt abhängig von der jeweiligen volkswirtschaftlichen Situation (für Holland vgl. v. Dietze [I] S. 690; vgl. RdL 1953/185).

[33]) So das REG, aber auch die HO; vgl. Bücker S. 4.

[34]) Vgl. Rogge S. 302; Gau S. 56, Ries Dtsch. Ldw. Presse 1954/151.

[35]) Vgl. zum Ganzen Böhmer (II) S. 408ff.

Das Ergebnis ist also, daß nur mittelbares oder ausschließbares unmittelbares Anerbenrecht verfassungsmäßig und daß die Unterstellung oder die Belassung der landwirtschaftlichen Besitzung unter Anerbenrecht durch den Eigentümer als quasi-letztwillige Verfügung anzusehen ist.

Welcher der beiden Möglichkeiten der Vorzug zu geben ist, ist eine Frage der Zweckmäßigkeit. Sicherlich verdient das unmittelbare Anerbenrecht den Vorrang, wenngleich in Realteilungsgebieten Schwierigkeiten zu erwarten sind. Wenn für landwirtschaftliche Besitzungen schon einmal ein Sonderrecht zu deren Nutzen geschaffen werden soll, darf dessen Geltung nicht von einem Willensakt des Eigentümers abhängig sein, sondern muß zunächst einmal unmittelbar gelten[36]).

Die erbrechtlichen Sonderregelungen des Anerbenrechts in bezug auf die weichenden Erben.

Geht man von dem oben ermittelten Ergebnis aus, so läßt sich die Art und Weise, in der das Anerbenrecht im einzelnen auszugestalten ist, relativ leicht festlegen.

Soll sich das Anerbenrecht im Intestaterbfall den Intentionen eines „bonus pater familias" anschließen und dieselben möglichst genau nachzubilden suchen[37]), dann sind dessen einzelne Vorschriften im Hinblick auf die Rechtsstellung der weichenden Erben in zwei Richtungen zu orientieren, nämlich daß sie a) dem Grundsatz der Gleichbehandlung als dem Ausdruck des allgemeinen Rechtsbewußtseins und b) der Anerbensitte als dem Ausdruck des speziellen Rechtsbewußtseins der unter ihr lebenden Landbevölkerung gerecht werden[38]). Gleichzeitig sollen die volkswirtschaftlichen und andere vertretbare Ziele des Staates, soweit als sie mit diesem Rahmen vereinbar sind, verwirklicht werden.

Für die weichenden Erben ist die Ausgestaltung der Vorschriften von besonderem Interesse,

a) die die unter das Anerbenrecht fallenden Höfe auswählen,

b) die den Anerben bestimmen und seinen Rechtserwerb regeln,

c) die die Rechte der weichenden Erben, insbesondere des Ehegatten festlegen,

d) die sich mit der Haftung für die Nachlaßverbindlichkeiten befassen.

I. Die weichenden Erben und der Anwendungsbereich des Anerbenrechts.

Die Vorschriften über die Auswahl der landwirtschaftlichen Besitzungen, die unter das Anerbenrecht fallen sollen, und über die dabei gestellten Anforderungen interessieren die weichenden Erben deshalb, weil

[36]) S. Guggenheim S. 107f.; Schönbauer S. 317f.

[37]) Vgl. v. Miaskowsky S. 3.

[38]) Vgl. v. Dietze (I) S. 687f.; Guggenheim S. 5.

sie die objektiven Voraussetzungen für die Unterstellung eines Hofes unter Anerbenrecht bilden und damit gleichfalls bestimmen, daß von den Miterben alle bis auf den Anerben „weichende Erben" sind.

In den einzelnen Anerbengesetzen war eine Vielzahl von Bedingungen zu erfüllen, damit eine landwirtschaftliche Besitzung anerbenrechtsfähig war. So mußte der Grundbesitz eine land- oder forstwirtschaftliche Besitzung sein[39]). Diese mußte ein Wohnhaus oder eine Hofstelle besitzen[40]) und eine gewisse Mindestfläche[41]) oder einen bestimmten Mindeststeuerreinertrag haben[42]) oder gewisse allgemeine Maßstäbe[43]) erfüllen. Sie durfte mitunter nicht eine bestimmte Fläche übersteigen[44]), durchweg im Alleineigentum einer natürlichen Person oder im Miteigentum von Ehegatten[45]) stehen und mitunter nicht über ein bestimmtes Maß verschuldet sein[46]). Die land- oder forstwirtschaftliche Besitzung umfaßte alle Gebäude und Ländereien, die zu der Wirtschaftseinheit „Hof" gehörten und in Bewirtschaftung vom Hof aus standen. Nicht dazu gehörten Gebäude oder Ländereien, die dauernd verpachtet oder sonstwie vom Hofe getrennt waren[47]). Hinzu kam das Betriebsinventar (oder Hofeszubehör), daß das Schicksal des Hofes teilte[48]).

Das Ergebnis war, daß ein nur relativ kleiner Teil des land- oder forstwirtschaftlich genutzten Bodens unter das Anerbenrecht fiel, während einerseits in Anerbengebieten die Anerbensitte in einem wesentlich größeren Kreis zu Hause war[49]), andererseits, soweit das Anerbenrecht auch in Realteilungsgebieten mit kleinbäuerlichem Besitz bestand, als ausgesprochenes Sonderrecht für einige wenige Besitzungen galt.

Der tiefere Grund dafür, aus der großen Zahl landwirtschaftlicher Besitzungen (vom Nebenerwerbsbetrieb bis zum Großgrundbesitz) nur einen bestimmten Sektor herauszunehmen und diesen dem Anerbengesetz zu

---

[39]) Vgl. Lange-Wulff Anm. 1; in Württemberg (Art. 1 Abs. 2) fallen auch Weinbaubetriebe expressis verbis, im Bereich der HO auch Betriebe des Erwerbsgarten-, Obst- und Gemüsebaues unter das Anerbenrecht: vgl. BGH RdL 1953/16; Möllmann Ldw. WBl. 1951/1811; vgl. auch REG § 5, Nieders. Entw. § 1 Abs. 3 S. 2.

[40]) Für HO Lange-Wulff Anm. 6; vgl. Reg.Entw. § 1 Abs. 1 Nr. 2.

[41]) Vgl. Mecklenburg-Schwerin § 349.

[42]) Vgl. Kellen S. 13. Die Wertgrenze der HO bestimmt nur, ob ein Hof unter fakultatives oder obligatorisches Anerbenrecht fällt.

[43]) z. B. Ackernahrung: REG § 2, Reg. Entw. § 1 Abs. 2, Württemberg (alt) Art. 1 Abs. 2; vgl. Fritzen RdL 1955, S. 177; z. B. Wirtschaftseinheit: vgl. Guggenheim S. 104.

[44]) Vgl. Mecklenburg-Schwerin § 349, BER § 3, REG § 3.

[45]) HO § 1 Abs. 1, Reg.Entw. § 1 Abs. 1; für REG vgl. Schultze DJ 1943/469, Stoll AZP 143/215ff.

[46]) Vgl. § 1 EHRV, Wöhrmann (I) Anm. 1ff. zu § 1 EHRV.

[47]) Vgl. Lange-Wulff Anm. 35ff.; Herschel JW 1935/2779.

[48]) Vgl. Kassel § 13, Schleswig-Holstein § 15, Tirol (neu) Art. 16, Hannover §§ 6f., Westfalen § 24, Reg.Entw. § 3; für REG vgl. Dölle S. 48; Wöhrmann JW 1934/800; 1935/2532; Herschel a. a. O.; für ZGB vgl. Guggenheim S. 105; bzgl. Oldenburg vgl. OLG Oldenburg, Nieders. Rpfl. 1952/25.

[49]) Bzgl. der krassen Auswirkung im REG vgl. Röhm (I) S. 341f.

unterstellen, waren unter anderem wirtschaftspolitischer Zwang und ideologische Befangenheit des Gesetzgebers. So waren die Anerbengesetze bis 1933 (und auch das REG) vornehmlich dazu bestimmt, der Verschuldung und Zersplitterung landwirtschaftlicher Betriebe im Erbgang entgegenzutreten, Probleme, die durch eine andere Handelspolitik seit den 80er Jahren des vergangenen Jahrhunderts und durch Erhaltung und Erweiterung der alten Dismembrationsvorschriften weitgehend hätten gelöst werden können. Auch das REG konnte eine Verschuldung durch Abfindungen an die Miterben nicht verhindern, weil der Bauer seinen Personalkredit für die Aufbringung der Abfindungen einsetzte[50]). Die HO folgte der Notwendigkeit, die einheimische Ernährungsgrundlage aufrechtzuerhalten und zu erweitern.

Heute ist zu fragen, ob die Herausnahme eines eng begrenzten Kreises land- und forstwirtschaftlicher Betriebe aus der Gesamtheit der Betriebe und ihre Unterstellung unter ein Sondererbrecht mit dem Grundatz des Art. 3 GG vereinbar ist und ob das diesem innewohnende Gerechtigkeitsgebot an den Gesetzgeber erfüllt ist.

Der allgemeine Gleichheitsgrundasatz bedeutet ausschließlich, daß sachverhaltlich Gleiches rechtlich gleich behandelt werden muß, daß sachverhaltlich Ungleiches (Verschiedenes) je nach seiner Eigenart ungleich behandelt werden kann[51]). Daraus folgt, daß der Gleichheitssatz des Art. 3 Abs. 1 GG verletzt ist, „wenn sich ein vernünftiger, sich aus der Natur der Sache ergebender oder sonstwie einleuchtender Grund für die gesetzliche Differenzierung oder Gleichbehandlung nicht finden läßt“[52]).

Dieser Grundsatz bedeutet für das Anerbenrecht folgendes: Die bisherigen Gesetze gingen davon aus, daß das Anerbenrecht ein ausschließliches Bauernrecht sei. Nur diejenigen land- und forstwirtschaftlichen Betriebe, die vom Bauern und seiner Familie überwiegend allein bewirtschaftet wurden und die den Bauern und seine Familie ausreichend unterhielten, waren geeignet und würdig[53]), dem Anerbenrecht unterstellt zu werden. Für die früheren Gesetze war es dann eine Notwendigkeit, die Größe der Betriebe nach unten (Mindestfläche oder Mindeststeuerreinertrag usw.) und nach oben[54]) festzulegen. Denn die damaligen Gegebenheiten erlaubten nur den Betrieben von mindestens einer „Ackernahrung“ den selbständigen wirtschaftlichen Fortbestand.

Heute haben sich die soziologischen, agrarwirtschaftlichen und -technischen Verhältnisse für Westdeutschland als modernen Industriestaat

[50]) Vgl. Röhm (I) S. 353.
[51]) v. Mangoldt-Klein, Art. 3 Anm. 3; BVerfG, BVerfGE 1/264ff. (275), 2/119.
[52]) Vgl. BVerfG, BVerfGE 1/52, 107; 2/340; 3/182; JZ 1954/452.
[53]) Vgl. Erl. Reg. Entw. S. 6.
[54]) Dies war nur selten nötig, weil der Großgrundbesitz fideikommißmäßig oder — beim Hochadel — durch Haussatzung gebunden war. Das REG mit seinen engen Grenzen war offensichtlich ungerecht. Die HO hat keine Grenze nach oben, weil die Bodenreform bevorstand: vgl. Nickol MDR 1947/145.

aber grundlegend gewandelt[55]). Es sind nicht mehr allein die Betriebe Objekte besonderen Interesses, die man üblicherweise als Bauernbetriebe bezeichnet, weil sie Kuh und Pferd und einen flächen- oder wertmäßigen Mindestumfang haben, sondern auch die vielen Betriebe, die kleiner sind (Klein- und Kleinstbetriebe)[56]). Durch die wirtschaftliche Entwicklung der letzten Jahrzehnte sind weite Gebiete der deutschen Landwirtschaft in andere, höhere Thünensche Kreise gerückt[57]). Dadurch haben vor allem die traditionellen Kleinbauerngebiete in Westdeutschland mit ihren arbeitsintensiven Kulturen eine Rentabilitätslage erreicht, die den Betrieben Arbeit und Auskommen für ihre Bewirtschafter — die objektiven Bedingungen des Anerbenrechts — gewährleisten.

Weiter ist an die sogenannten Nebenerwerbsbetriebe[58]) zu denken. Auch diese, übrigens heute weitgehend geförderten „Teilbetriebe" stellen für den Bewirtschafter einen notwendigen Teil seiner Existenz dar. Darüber hinaus haben sie große soziale Wirkungen und dank eines intensiven Nutzflächenverhältnisses eine hohe Flächen- und meist eine nicht geringe Marktleistung, vornehmlich an Veredlungsprodukten[59]).

Überhaupt ist für den Geltungsbereich des Anerbenrechts eine Grenzziehung nach der Größe oder nach dem Begriff „Ackernahrung" nach heutigen Erkenntnissen verfehlt[60]). Denn durch diese Festlegungen werden viele strukturkranke, in ihrer jetzigen Form überholte und daher nicht mehr daseinsberechtigte größere Betriebe unter das schützende Anerbenrecht gestellt, ohne sie zur Umstrukturierung zu veranlassen. Dagegen werden strukturgesunde, aus der gesamtwirtschaftlichen Situation geforderte Kleinbetriebe — und das sind unter den etwa 1 Mill. Betrieben, die keinen vollständigen Betrieb bilden, nicht wenige — generell ausgenommen[61]). Auch mag man bedenken, daß sich die Familienwirtschaften, die ja das Anerbenrecht vornehmlich schützen will, weit in den Bereich der Zuerwerbs- und der Nebenerwerbsstellen erstrecken, daß weiter die

---

[55]) Vgl. v. Bethmann-Hollweg, „Die Zeit" 1957 S. 3 von Nr. 1.

[56]) A. A. bei Kellen S. 54.

[57]) Vgl. Sering (II) S. 107; s. auch Heuser Agr. Wirts. 1957 S. 97.

[58]) Das sind Kleinbetriebe, die vornehmlich ihren Acker zur Erzeugung von Grundnahrungs- und Futtermitteln verwenden. Abgrenzung zu Kleinsiedlungen als nichtbäuerlichen Nebenerwerbssiedlungen vgl. Ziff. 96ff. des Runderl. v. 25. 1. 1951 Min. Bl. NRW S. 182; vgl. auch Ehrenforth RdL 1955/34 (2a).

[59]) Siehe auch Rheinland-Pfalz § 2 Abs. 3, das die Hoffähigkeit nicht von der Erreichung der Ackernahrung abhängig macht; vgl. Eisenkrämer S. 163ff., 213f.; Hartmann RdL 1953/291; Röhm (I) S. 344, 362; Möllmann a. a. O.

[60]) Vgl. Fritzen RdL 1955/177ff.

[61]) Ob auf die Dauer dieser Zustand erhalten bleiben wird, ist fraglich. Zur Zeit versucht Holland seine Landwirtschaft dahin umzugestalten, daß möglichst viele Kleinbetriebe zugunsten von größeren Betrieben aufgelöst werden. (Vgl. Deutsche Zeitung Nr. 23 v. 20. 3. 1957 S. 7: Sanierung in Hollands Landwirtschaft). Die Bewegung zum bäuerlichen Familienbetrieb besteht auch in Deutschland; die Zahl der Kleinbetriebe nimmt ständig ab; vgl. Eisenkrämer S. 214ff.; Röhm (II) S. 205; Böker (II) S. 15ff. (22ff.).

prinzipielle Ausschließung der Klein- und Kleinstbetriebe vom Anerbenrecht weithin die eingeleiteten strukturverbessernden Maßnahmen aufhebt[62]).

Beide Gruppen (Klein- und Kleinstbetriebe), zumindest aber die erstere, stehen heute den bäuerlichen Betrieben gleich, so daß für sie, sofern sie nur eine wirtschaftliche Einheit bilden, gleichermaßen eine anerbenrechtliche Regelung gelten muß. Eine unterschiedliche Behandlung dürfte nicht mit Art. 3 GG vereinbar sein[63]).

Die Berechtigung zur gleichmäßigen Unterstellung aller Betriebe unter Anerbenrecht leitet sich auch aus der Anerbensitte her. Die Anerbengesetze haben dadurch, daß sie den Erbbrauch der geschlossenen Vererbung zwar übernahmen, diese aber nur für bestimmte Betriebe ausschließlich statuierten, die übrigen Betriebe, die gleichermaßen kraft Gewohnheit und Sitte geschlossen vererbt wurden, ausgeschlossen. Damit wurden sie der Rechtsanschauung nicht gerecht. Denn Anerbengebiete zeichnen sich trotz der unterschiedlichsten Regelungen im einzelnen[64]) dadurch aus, daß alle landwirtschaftlichen Besitzungen — ohne Unterschied der Größe, des Ertrages oder Wertes — geschlossen vererbt werden.

Soweit in Gebieten Realteilungssitte herrscht[65]), kann eine Berechtigung, alle Betriebe unter Anerbenrecht zu stellen, aus der Vererbungssitte nicht hergeleitet werden. Das bedeutet aber nicht, daß durch die Realteilungssitte nun die wesentliche Gleichartigkeit der landwirtschaftlichen Betriebe weggefallen sei. Es besagt nur, daß das spezielle Rechtsbewußtsein fehlt, während das allgemeine Rechtsbewußtsein vorhanden ist.

Dennoch scheint es zweckmäßig zu sein[66]), auch hier den Eigentümern aller landwirtschaftlichen Betriebe die Vererbung ihrer Besitzung nach Anerbenrecht wenigstens „anzubieten"[67]). Die Entwicklung in den Real-

---

62) Der Hinweis darauf, das Zuweisungsverfahren verhindere die Zersplitterung der Kleinbetriebe, zieht nicht, weil dies auch für größere Betriebe gilt; Anerbenrecht soll mehr als nur Hofzuweisung!

Werden die Kleinbetriebe nicht dem Anerbenrecht unterstellt, dann klafft eine Lücke zwischen den dem Heimstättentrecht unterstellten und den dem Anerbenrecht unterstellten Besitzungen auf, weil die Wirtschaftsheimstätte nicht alle die landwirtschaftlichen Besitzungen umfaßt, die unterhalb der „Hof"grenze liegen. Diese Lücke kann mit dem Zuweisungsverfahren nur schlecht überbrückt werden. Zum ganzen auch Priebe Agr. Wirts. 1957/1 ff. (5).

63) Vgl. BVerfG, BVerfGE 2/281; Fritzen a. a. O. scheint anderer Ansicht zu sein. Wird aber die Betriebsgröße z. B. für Rheinland-Pfalz auf mindestens 10—20 ha festgesetzt, weil das eine Ackernahrung ist, dann sind nur wenige 100 Betriebe höferechtsfähig.

64) Vgl. v. Mendel S. 48.

65) Dies nicht allein in den geschlossenen Realteilungsgebieten!

66) Hier sollen nicht die Vor- und Nachteile des Anerbenrechts und der Realteilung abgewogen werden. Dies ist eine ausschließlich agrarpolitische und betriebswirtschaftliche Frage, die hier nicht zur Behandlung steht. Vgl. statt vieler: Enders.

67) BER § 4 Abs. 1 ließ für Gebiete ohne Anerbensitte das mittelbare Anerbenrecht zu.

teilungsgebieten weist dank fortschreitender Industrialisierung auf ein Vordringen der Anerbensitte hin — im Gegensatz zur Anfangsphase der Industrialisierung, in der die Realteilungssitte die Anerbensitte verdrängte[68]). Ein Anerbenrecht für Realteilungsgebiete muß allerdings in der Ausgestaltung der nachstehend behandelten Komplexe besonders behutsam sein. Wesentlich in dem hier behandelten Zusammenhang ist, daß dieses Anerbenrecht auch für alle landwirtschaftlichen Betriebe gelten muß[69]).

Als wenig glückliche Lösung erscheint die von der HO getroffene und von dem Regierungsentwurf und dem Niedersachsenentwurf angestrebte Regelung, diejenigen landwirtschaftlichen Besitzungen, die eine bestimmte Größe (10 000 DM Einheitswert, hinreichendes Auskommen des Bauern) haben, unmittelbar, die anderen auf Antrag dem Anerbenrecht zu unterstellen.

Erfreulich ist, daß der unbefriedigende Zustand des Ausschlusses kleiner Betriebe überhaupt einer Regelung zugeführt worden ist oder werden soll. Eine Unterscheidung aber zwischen „erhaltungswürdigen" Besitzungen, die es gerechtfertigt erscheinen läßt, durch besondere Regelungen den geschlossenen Hofübergang auf einen der Miterben auch ohne mitwirkenden Willen des Eigentümers, unter Umständen sogar gegen seinen Willen zu bewirken, und solchen, die nicht so erhaltungswürdig sind[70]), geht an der wirklichen Sachlage vorbei. Die deutsche Landwirtschaft besteht aus einer Vielzahl von verschiedenen Betriebsgrößen und -typen, deren Zahl allein von ökonomischen Notwendigkeiten abhängig ist (oder doch sein sollte). Alle die Betriebe, die diesen Siebungsvorgang überstehen, sind „erhaltungswürdig"; die anderen freilich sind es nicht; sie sind aber bereits automatisch als „ökonomische Leichen" ausgeschieden[71]). Welche Größe und welchen Wert diese Betriebe haben, kann nie bindend festgelegt werden, spielt aber auch keine Rolle. Das bisherige System der Grenzziehung kann jedenfalls keine ökonomisch gerechtfertigte Sonderung vollziehen.

Somit ergibt sich also, daß kein triftiger Grund für eine verschiedene Unterstellung verschiedener Betriebsgrößen unter das Anerbenrecht ersichtlich ist. Der Gesetzgeber hat für eine gleiche Behandlung aller Erb-

---

[68]) Vgl. einerseits Kellen, andererseits Röhm (I) S. 338ff.; Enders S. 29; Pauli S. 212; auch v. Dietze (III) S. 144.

[69]) Vgl. für Rheinland-Pfalz Hartmann RdL 1953/291.; Art. 616 ZGB mit Ausnahmen nur für Bergbauerngebiete. Die vorgeschlagene weite Ausdehnung — horizontal wie vertikal — bedeutet nicht Einfrieren des landwirtschaftlichen Grundstücksmarkts, weil beim mittelbaren Anerbenrecht nicht in vollem Umfang von der Unterstellungsmöglichkeit, beim unmittelbaren, ausschließbaren Anerbenrecht im gewissen Umfang von der Ausschließungsmöglichkeit Gebrauch gemacht wird. Vgl. hierzu Röhm (I) S. 358ff.; Priebe a. a. O. (6).

[70]) So Begr. Reg. Entw. S. 6.

[71]) Vgl. Eisenkrämer S. 211f.; Röhm (II) S. 199ff.

fälle in der Landwirtschaft alle landwirtschaftlichen Besitzungen dem Anerbenrecht zu unterstellen, um bezüglich der weichenden Erben auf Grund gleicher Umstände gleiches Recht für alle zu schaffen[72]).

II. Die Berufung des Anerben

Unmittelbarer als das vorhergehende Problem berührt die weichenden Erben die Frage, wer Anerbe wird und wie er seine Rechtsstellung erwirbt. Denn die Beantwortung dieser Frage umschließt gleichzeitig die Feststellung, wer im konkreten Fall weichender Erbe wird.

Bislang haben alle Anerbengesetze besondere Anerbenfolgeordnungen enthalten[73]), die von der Erbfolgeordnung des allgemeinen Rechts abwichen und deren Charakteristikum es war, in ein und derselben Ordnung des allgemeinen Rechts das männliche Geschlecht dem weiblichen und die Älteren den Jüngeren oder umgekehrt vorzuziehen (Mannesvorzug, Majorat, Minorat).

Auch hier erhebt sich wieder die Frage, ob der Mannesvorzug und das Ältesten- oder Jüngstenrecht dem Gleichheitsgrundsatz des Art. 3 GG, insbesondere dessen 2. Absatz, entsprechen.

Das Grundgesetz bestimmt in Art. 3 Abs. 2 in Verbindung mit Art. 117, daß Männer und Frauen gleichberechtigt sind. Damit hat es für das gesamte Recht, nicht zuletzt auch für das Anerbenrecht, dogmatische Umwälzungen gebracht; denn Art. 3 Abs. 2 GG ist seit dem 1. April 1953 aktuell geltendes Verfassungsrecht mit derogativer Wirkung gegenüber entgegenstehendem Bundes- und Landesrecht.

Es fragt sich nun, ob das am 1. April 1953 in Geltung befindliche[74]) und das nach diesem Zeitpunkt neu erlassene Anerbenrecht (Gesetz von Rheinland-Pfalz) und die Gesetzesentwürfe zum Anerbenrecht (Regierungsentwurf, Niedersachsenentwurf) mit dem Grundgesetz vereinbar sind, und schließlich, welcher Art der Gesetzesgestaltung die dem Gleichheitsgrundsatz entsprechende Lösung sein dürfte.

Vorweg sei daran erinnert, daß seit alter Zeit die Frauen ein Erbrecht am Grund und Boden hatten. Mit der Zulassung des Erbrechts der Frau am Grund und Boden war die Entwicklung abgeschlossen worden, die mit der Überführung des freien stammeseigenen Landes in das Gesamteigentum der Hausgemeinschaft begonnen hatte. Das Gesamteigentum bestand nur an den Sondergütern, die stets der Vater in Besitz hatte; die

---

[72]) Vgl. das Norwegische Aasaetesrecht, das für alle Eigentümer landwirtschaftlichen Grundvermögens ohne Rücksicht auf Größe, Hofstelle usw. gilt. (Vgl. Kahlke Schlesw. H. Anzeigen 1955/243 ff.)

[73]) Statt vieler vgl. REG § 20, HO § 5 (Ausnahme z. B. ZGB, Kassel, Hessen [neu]).

[74]) In der Folge soll nur die HO, stellvertretend für die früheren Höfegesetze und für die Gesetze von Württemberg-Hohenzollern, Württemberg-Baden, Hessen (neu), Bremen (neu), untersucht werden.

Söhne rückten bei dessen Tode in seine Besitzstellung ein. Allmählich entwickelte sich daraus ein Erbrecht, zunächst für die Söhne, dann auch für die Töchter und die Ehefrau[75]).

Als die Anerbensitte aufkam und eine Auswahl aus der Zahl der Erbberechtigten für die Stellung als Anerbe getroffen werden mußte, war die allgemeine Vorzugsstellung des Mannes gegenüber der Frau so groß, daß man sich des frühzeitigen Erbrechts der Männer und der demgegenüber erst spät eingetretenen Erbberechtigung der Frauen am Grund und Boden erinnerte. Dies bewirkte, daß die Anerbensitte fast stets aus der Erbenordnung des allgemeinen Rechts den männlichen vor dem weiblichen Erben zum Anerben berief. Diese Regelung fand auch in allen Anerbengesetzen in Anerbengebieten ihren Niederschlag. Einige Gesetze gingen in der Bevorzugung des männlichen Geschlechts noch weiter, indem sie die männlichen Erben einer nach allgemeinem Recht späteren Ordnung gegenüber den weiblichen Erben der vorhergehenden Ordnung bevorrechtigten[76]). Ein dahingehendes Brauchtum hat aber nie bestanden[77]).

Die HO (§ 6 Abs. 1) hat unter Berücksichtigung der früheren Höfegesetze ebenfalls bestimmt, daß unter Miterben verschiedenen Geschlechts dem männlichen der Vorzug gebührt[78]).

Die Rechtsprechung und ein Teil der Lehre halten diese Regelung als mit dem Gleichheitsgrundsatz vereinbar, indem sie auf die funktionale und biologische Unterschiedlichkeit hinweisen, die den Mann vor der Frau als Anerben bevorrechtige. Durch die konstitutionelle Verschiedenartigkeit der Geschlechter sei der Mann zur Verrichtung der schweren Arbeit in der Außenwirtschaft und damit notwendig zur Leitung des Betriebes berufen. Der Frau dagegen falle die Versorgung der Innen-, besonders der Hauswirtschaft zu[79]), die sie dem Gesamtbetrieb einzuordnen habe[80]). Beide Aufgaben seien zwar gleichwertig und würden so auch von der Landbevölkerung empfunden[81]). Das Verhältnis der Ehegatten zum Hof und die Unterschiedlichkeit ihrer Funktionen aber fordere, daß es deshalb eine „Gleichmacherei"[82]) von Mann und Frau hinsichtlich der Betriebsleitung nicht geben dürfe[83]). Dies zeige sich auch in der bäuerlichen Lebensordnung insofern, als der Bauer in aller Regel einen Sohn auf die verantwortliche Leitung und Übernahme des Hofes, seine Tochter dagegen auf die Leitung des Hauswesens, die Arbeit im

---

75) Vgl. Knubel S. 15f.; Purps S. 191.
76) REG § 20, BER § 12.
77) Fitzau DR 1933/119.
78) Vgl. OLG Hamm JMBl. NRW 1949/102; OLG Düsseldorf JZ 1951/19.
79) Vgl. Zivilrechtskommission des Deutschen Richterbundes, zit. in RdL 1953/14.
80) Vgl. Wöhrmann RdL 1954/266; Herminghausen NJW 1955/1867.
81) Vgl. Siegmann RdL 1954/192, 295.
82) Vgl. Fritzen RdL 1953/319 (322).
83) Vgl. Wöhrmann a. a. O.

Stall und Garten vorbereite[84]). Würde diese dem Hofe innewohnende Eigengesetzlichkeit dadurch unterbrochen, daß die Tochter vor dem Sohn zum Anerben berufen würde, so werde der Hof krank; denn das geheimnisvolle Etwas des Bauerntums auf jedem einzelnen Hof werde nur von dem Vater auf den Sohn überliefert[85]). Sohn und Enkel hätten geradezu ein inneres Anwartschaftsrecht auf den Hof[86]).

Der Familienrechtsausschuß des Deutschen Bauernverbandes und des Verbandes der Landwirtschaftskammern faßte die Bejahung des Mannesvorzugs in der Entschließung vom 11. März 1954[87]) so zusammen: „Wir sind der Auffassung, daß die (Erbfolge)-Ordnung (der HO) dem Grundsatz der Gleichberechtigung nicht widerspricht, weil sie nicht auf einer unterschiedlichen rechtlichen, sondern auf einer unterschiedlichen funktionalen Wertung der Geschlechter beruht. Wir wünschen daher, daß diese Regelung des Höferechts erhalten bleibt."[88])

Diesen Meinungen steht gegenüber der Teil der Lehre, der die Bevorzugung des männlichen Geschlechts in der Anerbenfolge als nicht mit dem Grundgesetz vereinbar ansieht; er hält vor allem die Bevorzugung der Söhne vor den Töchtern für eine ungerechtfertigte Ungleichbehandlung der Kinder des Erblassers. Wohl empfinde, so wird zugegeben, die ländliche Bevölkerung dies in weitem Maße nicht; dennoch gelte Art. 3 Abs. 2 GG und erfordere eine solche gesetzliche Regelung, die ohne Rücksicht auf das Geschlecht den Anerben bestimme[89]). Pikalo[90]) schlägt daher ein Ältesten- oder Jüngstenrecht vor, das nicht zwischen den Geschlechtern unterscheidet. Hansen[91]) will das Los entscheiden lassen[92]). Die Voraussetzungen, von denen die Vertreter der ersteren Ansicht ausgehen, bestehen zwar; sie rechtfertigen aber nicht eine unterschiedliche Behandlung von Mann und Frau in bezug auf die Anerbenberufung in den Hof.

Zunächst ist den Vertretern dieser Meinung vorzuhalten, daß die HO einen grundsätzlichen Mangel hat, den sie in ihren Äußerungen nicht genügend beachtet zu haben scheinen.

Der Gesetzgeber hat bei der Eile, die durch die Aufhebung des REG geboten war, all die Regeln der früheren Höfegesetze und des REG, die sich als nützlich und wirksam erwiesen hatten, in ihrem Grundcharakter

---

[84]) Vgl. OLG Schleswig RdL 1954/191.
[85]) Vgl. Siegmann a. a. O.
[86]) Vgl. Kahlke Schlesw. H. Anz. 1954/80ff. (84).
[87]) RdL 1954/193.
[88]) Vgl. auch OLG Celle NJW 1956/1157; Heinrich RdL 1954/116; AG Warendorf RdL 1957/292.
[89]) Vgl. Bosch (II) S. 50; auch Henrici RdL 1953/182, der die Verfassungswidrigkeit einsieht, aber nach einem Ausweg sucht.
[90]) RdL 1952/309.
[91]) Kirch. Z. Köln 1953/814.
[92]) Vgl. auch Scheffler JZ 1951/20.

übernommen und als neues Gesetz zusammengestellt[93]). So ist nicht etwas Neues geschaffen worden.

Damit ist aber der Gesetzgeber seiner Aufgabe nicht gerecht geworden. Zu der Zeit, in der die HO entstanden ist, hätte ein neues Anerbenrecht geschaffen werden müssen. Denn die Berechtigung und Aufgabe eines modernen Anerbenrechts in heutiger Zeit ist verschieden von der früheren. Damals war das Bestreben, den Hof geschlossen in der Hand eines Mannes zu halten, in der Fehde- und Friedensgemeinschaft, in den Funktionen des Grundeigentümers im Staate und in den Forderungen des Steuerfiskus oder des Grundherrn begründet. Sie leiteten sich aus der allgemeinen gesellschaftlichen Ordnung her und fanden hier ihre Berechtigung[94]). Heute ist nach dem starken gesellschaftlichen und wirtschaftlichen Struktur-, Gesinnungs- und Bewußtseinswandel die Berechtigung von Anerbenrecht überwiegend in ökonomischen Momenten zu suchen und die Aufgabe in der sozialen Befriedigung der Landbevölkerung zu sehen[95]).

In bezug auf die Gleichstellung der Geschlechter speziell hatte sich die Rechtsentwicklung bereits 1946/47 weit von den Anfängen des Anerbenrechts, aber auch von den Höfegesetzen entfernt. Der Gleichheitsgrundsatz war trotz des REG und seiner direkten Vorläufer schon so stark in dem allgemeinen Rechtsbewußtsein — auch des Landvolkes — verankert, daß mangels einer verfassungsrechtlichen Positivierung des Gleichheitsgrundsatzes dieser als überpositiver Rechtsgrundsatz anerkannt war.

Vor dem gleichen Problem, aus den alten Anerbengesetzen das Beste zu nehmen oder etwas ganz Neues zu schaffen, stand auch der Gesetzgeber beim Erlaß des ZGB hinsichtlich seiner anerbenrechtlichen Vorschriften. Er hat sich dazu bekannt, daß es nicht genüge, „allein aus den alten Rechten das Beste auszuwählen, sondern daß ein modernes Recht geschaffen werden müsse, das für unsere lebensfähige Gegenwart zeitgemäß, nach unseren Anschauungen, und zwar auf Grund aller möglichen Prüfung und Sachkenntnis, als wünschenswert erscheint. Hilfsmittel sind die zeitgenössischen gesetzgeberischen Tendenzen und Versuche."[96]) Eine der Hauptfragen für ihn war daher, ob „eine moderne Gesetzgebung überhaupt noch das Prinzip von der Gleichheit der Geschlechter verletzen" darf[97]). Der schweizerische Gesetzgeber hat dies verneint und unter Aufgabe der Prinzipien der kantonalen Gesetze in den Art. 620ff. ZGB die gleiche Anerbenberechtigung aller Erben in fast vollkommener Weise[98]) eingeführt.

---

[93]) Vgl. Verlautbarung der Mitarbeiter, Hannoversche Rechtspfl. Sonderbeilage zu Nr. 5/1947, S. 15.

[94]) Vgl. v. Dultzig S. 143ff.; Brentano (I) S. 412, 414ff.; Hofmeister S. 29.

[95]) Vgl. Purps S. 174ff.

[96]) Guggenheim S. 38.

[97]) Guggenheim S. 40.

[98]) Ausnahme Art. 621 Abs. 3 ZGB.

Auch kann die Argumentation der Vertreter der ersteren Meinung nicht überzeugen.

Art. 3 Abs. 2 GG interpretiert Art. 3 Abs. 1 GG dahin, daß für Männer und Frauen nicht eine formale, sondern eine die funktionale Verschiedenheit der Geschlechter berücksichtigende sinngemäße Gleichheit Gesetz ist[99]); denn Ausgangspunkt für Art. 3 Abs. 2 GG ist nicht die Gleichheit von Mann und Frau im Sinne eines sozialistischen Gleichheitsideals, sondern ihre Gleichwertigkeit, die die Andersartigkeit durchaus anerkennt[100]). Das bedeutet, daß Mann und Frau, soweit eine funktionale Verschiedenheit der Geschlechter vorliegt, ungleich behandelt werden können, soweit eine Verschiedenheit nicht vorliegt, gleichzubehandeln sind[101]).

Dieses Ergebnis auf § 6 Abs. 1 S. 3 HO angewandt wirft die Frage auf:

Ist die Bevorzugung des männlichen Geschlechts in der Anerbenfolge die gesetzliche Konsequenz aus der Unterschiedlichkeit, mit der der Mann dank der funktionalen Verschiedenheit der Geschlechter zum Anerben, zum Bauern und Betriebsleiter schlechthin befähigt ist?

Die zwischen den Geschlechtern bestehenden biologischen Unterschiede haben natürlicherweise zu unterschiedlichen Funktionen von Mann und Frau im bäuerlichen Lebenskreis geführt. Früher im ausgeprägteren Maße als heute konnte die Arbeit auf dem Acker nur vom Manne ausgeführt werden, weil die körperlichen Kräfte der Frau in der Regel dazu nicht ausreichten. Eine Entlastung durch tierische Kraft konnte nur in relativ kleinem Umfang stattfinden, weil es reine Zugkräfte waren und die Transformation nur unvollkommen gelang. Daher war es natürlich, daß dieser Arbeitsbereich automatisch dem Manne zufiel, während der Frau die weniger kinetische Kraft beanspruchende Fürsorge über Haus, Stall und Garten zufiel.

Die Vertreter der ersteren Meinung leiten aus diesem Umstand die Bevorrechtigung des Mannes zum Anerben her. Die Bevorrechtigung könnte aber nur zum Beispiel aus der höheren Arbeitsleistung des Mannes in der Außenwirtschaft, der größeren Bedeutung der Außenwirtschaft für den Betrieb und der ausschließlich beim Manne liegenden Fähigkeit zur Betriebsleitung hergeleitet werden.

Untersucht man die Arbeitsleistung des Bauern und der Bäuerin, so ergibt sich das meist zu wenig beachtete Ergebnis, daß die Landfrau im Jahresdurchschnitt mehr Arbeitsstunden leistet als der Bauer[102]). Dieser

---

[99]) v. Mangoldt-Klein Art. 3 Anm. IV, 6.

[100]) Wernicke BK Art. 3, Anm. II 2a.

[101]) Vgl. BVerfG, BVerfGE 1, 264ff.

[102]) Vgl. Böker (I) S. 38, der die Untersuchungen von Küper und Cüppers zusammenfaßt.

Danach leisten	Frauen	Männer
im Kreise Moers (Küper)	3770	3300 h/anno
im Kreise Schleiden (Cüppers)	3830	3500 h/anno.

Bei der Frauenarbeit entfallen 73% bzw. 83% auf die Hauswirtschaft.

Feststellung kann nicht entgegengehalten werden, daß die Bäuerin diese Arbeit vornehmlich im Hause und nicht auf dem Hofe, dem eigentlichen Wirtschaftsobjekt, leiste. Das trifft zwar meist zu, aber es ist zu bedenken, daß ein bäuerlicher Betrieb zu sehr ein wirtschaftliches, in sich verzahntes Ganzes ist, als daß die Teile „Hof" und „Haus" ohne Schaden für das Ganze getrennt werden könnten. Somit müßte, von der Arbeitsleistung her gesehen, der Frau als Hauptträgerin der Arbeitslast der Vorzug in der Anerbenberufung zustehen[103]).

Was die Wichtigkeit des Arbeitssektors des Mannes angeht, so kommt man, wenn man den Aufbau und den Gang eines bäuerlichen Betriebes überdenkt, bald zu dem Schluß, daß der Arbeitssektor des Mannes und der Frau von gleicher Wichtigkeit, wenn auch nicht unbedingt von gleicher Gewichtigkeit sind. Das sagt richtig auch Siegmann[104]), der eingesteht, daß der Bauer und seine Frau ihre Arbeit als gleichwertig empfänden. Wenn Wöhrmann[105]) meint, daß die Bäuerin allein ihre Arbeit in der Innenwirtschaft auf den Gesamtbetrieb einstellt, so ist das nicht richtig. Soll der Betrieb richtig funktionieren, dann müssen Innen- (Haus und Stall) und Außenwirtschaft aufeinander, das heißt auf den Gesamtbetrieb abgestimmt werden. Soweit Betriebe im ersten Thünenschen Kreis liegen und daher in starkem Maße Veredlungswirtschaft treiben, kann die Innenwirtschaft sogar zum dominierenden Teil des Gesamtbetriebes werden, das heißt die Außenwirtschaft muß weitgehend auf die Innenwirtschaft abgestimmt werden.

Schließlich weist nichts darauf hin, daß die Leitung des Betriebes unbedingt in den Händen des Mannes liegen müsse. Die Vertreter der bejahenden Meinung kommen deshalb zu dieser Ansicht, weil sie Arbeitsbesorgung der Außenwirtschaft und Leitung des Betriebes verquicken, die sie notwendig als miteinander verbunden ansehen. Sie halten nämlich die Besorgung der Außenwirtschaft gegenüber der der Innenwirtschaft als das Wichtigere im Betriebe und meinen, die Leitung des Hofes könne nur bei dem liegen, der die Außenwirtschaft versorge.

Die Verquickung von Arbeitsbesorgung und Betriebsleitung ist aber nicht zulässig und damit das Ergebnis unzutreffend. Im bäuerlichen Betrieb gibt es, wenn man die Funktionen sondert, drei voneinander getrennte Aufgabenbereiche:

1. Die Leitung der Außenwirtschaft,
2. die Leitung der Innenwirtschaft,
3. die Leitung des Gesamtbetriebes.

Die beiden ersteren sind mit der Arbeitsleistung des Bauern und der Bäuerin verbunden. Der letztere verlangt eine rein geistige Leistung und kann durchaus von den beiden ersteren getrennt sein, wie auch diese zumeist getrennt sind.

[103]) Vgl. hier Reinhold RdL 1954/295; Frisius RdL 1953/208.
[104]) a. a. O.; vgl. v. Dietze (III) S. 147.
[105]) RdL 1954/266.

Nicht selten findet man auf einem Bauernhof folgendes: Der Altbauer oder die Altbäuerin haben vor dem Hofübergang einen verheirateten Nachfolger auf dem Hof. Sie haben auf dem Hof das letzte Wort, sie verfügen über das Geld. Zu einer Arbeitsleistung sind sie nicht mehr fähig. Die Besorgung der Hofarbeiten erledigen der Nachfolger und sein Ehegatte: der eine, männliche, Teil leitet die Außenwirtschaft, der andere, weibliche, Teil die Innenwirtschaft, die zu leiten ein jeder gelernt hat. Beide führen ihren Betriebsteil selbständig im Rahmen des Gesamtbetriebes, den wiederum der Elternteil selbständig leitet. Daß dabei alle drei Teile voneinander wechselbezüglich abhängig sind, wurde bereits oben angedeutet. Fällt nun der Altbauer oder die Altbäuerin in der Leitung des Gesamtbetriebes durch Hofübergabe oder Todesfall aus, so geht diese Leitungsaufgabe meist auf einen Teil des Jungbauernpaares über. Denn darin ist Henrici[106]) recht zu geben, daß bei der heutigen geistigen Einstellung unserer Landbevölkerung durchweg nur eine Person einen Betrieb erfolgreich leiten kann[107]).

Ob dies nun der Mann sein muß, ist nicht durch die Natur der Sache gegeben. Denn die Frau ist gleichermaßen wie der Mann zur Vollbringung der geistigen Leistung der Betriebsleitung befähigt. Dies hat sich besonders deutlich in den Zeiten gezeigt, wo die Frau, die bislang zu dieser Leitungsaufgabe nicht zugelassen war, diese Aufgabe wahrnehmen mußte. Sie hat die Aufgabe der Leitung aus ihrer geistigen Potenz heraus ebenso gut zu meistern vermocht wie der Mann[108]). Es ist kein Moment ersichtlich, das dafür spricht, daß auf der gleichen Kulturstufe die Frau einen weniger großen geistigen Entwicklungsstand hat als der Mann.

Die Leitung des Hofes gehört aber auch nicht deshalb notwendig in die Hand des Mannes, weil, wie Siegmann meint[109]), der Hof leicht erkranke, wenn sich nicht das Hintergründige, das dem Bauernhof inne sei und das den Bauern auf seinem Hofe ausmache, von dem Vater auf den Sohn überliefere. In dieser Meinung ist ein Körnchen Wahrheit enthalten. Der Bauer und der Bauernhof hat ein Mehr, das ihn vom „Farmer" und von der „Farm" unterscheidet. Daß sich dieses gewisse Etwas aber nur in der Geschlechterfolge und richtig nur von dem Vater auf den Sohn vererbe, dürfte wohl zu einseitig gesehen sein. Der Sohn wie die Tochter wie jeder, der eine echte Berufung zum Bauernstande hat, weiß dieses Etwas in sich. Das Spezifikum eines bestimmten Hofes vermag die Anlage darüber hinaus zu fördern und ihr eine bestimmte, auf den Hof bezogene Richtung zu geben. Der Sohn und die Tochter, die auf dem Hof aufgewachsen

[106]) a. a. O. S. 182.

[107]) Es mehren sich die Stimmen, die auch hier eine Änderung in Richtung auf den Abschluß von Gesellschaftsverträgen (zunächst nur zwischen Vater und Sohn und anstatt der Übergabe) für wünschenswert und möglich halten: Für die USA vgl. Harris Circ. 680; McNulty Ext. Bull. 248; Nelson Bull. 394; Timmons Ann. 1949; für Deutschland vgl. Ries N. M. f. d. Ldw. 1951/22.

[108]) A. A. wohl Kahlke a. a. O.

[109]) a. a. O.; vgl. Heim S. 9.

sind und eventuell dort verbleiben, erfahren diese Steigerung, aber auch der aufheiratende Ehegatte. Das zeigen die vielen Fälle, in denen ein Mann auf einen Hof eingeheiratet hat, und er und seine Kinder gute Bauern des Hofes geworden sind.

Die Gedanken Siegmanns führen aber auch zu unhaltbaren Ergebnissen. Unterstellt man ihre Richtigkeit, dann befänden sich alle Pächter bäuerlicher Betriebe außerhalb des Bauernstandes. Dann könnte ein Hof nur gesund bleiben, wenn der Sohn auf den Vater folgt, so daß alle Höfe, die im Laufe der Zeit eine Unterbrechung erfahren haben, regelmäßig krank sein müßten. Dann vermöchten die Töchter, der Ehegatte und alle übrigen Verwandten nie den Hof gesund zu erhalten und verlören damit schlechthin die Berechtigung, jemals Anerbe zu werden. Folgert man überhaupt, daß nur der Mann zur Leitung des Betriebes befähigt ist, so verwundert es, daß nur ein Vorzug und nicht ein Alleinrecht des Mannes auf die Anerbenstellung gefordert wird. Diese Konsequenz hat das REG weitgehend gezogen und brachte damit die Bauern gegen sich!

Der Bauer selbst nimmt bei der Wahl des Nachfolgers keine große Rücksicht auf dessen Geschlecht. Er behält denjenigen auf dem Hof, den er für den geeignetsten Nachfolger in seine Betriebsleiteraufgabe, das ist die umfassende Fürsorgeaufgabe für Hof und Mensch, hält. Maßgebend für ihn ist daher, daß der Nachfolger die Hoffnung rechtfertigt, ein guter Bauer und Landwirt, ein guter Fürsorger für ihn, den Bauern, und seinen Ehegatten an ihrem Lebensabend und ein zuverlässiger Erfüller der Abfindungsverbindlichkeiten zu werden. Der so Gewählte wird weithin auf Grund einer festen Sitte ein Sohn sein; es kann aber in vielen Gebieten mit der gleichen Selbstverständlichkeit auch eine Tochter sein[110].

Wenn der Bauer den ihm Genehmsten zu seinem Nachfolger nimmt und ihm die Leitung des Gesamtbetriebes in die Hand gibt, dann ist das nicht Ausfluß irrationaler Momente, sondern das Ergebnis einer besonderen und erfolgreichen Ausbildung[111]. Wie der Bauer seinen Sohn zur Leitung der Außenwirtschaft und wie die Bäuerin ihre Tochter zur Führung der Innenwirtschaft anleitet und erzieht, so leiten der Altbauer oder die Altbäuerin einen von beiden an, die Führung des Gesamtbetriebes zu übernehmen. Ein ursächlicher Zusammenhang zwischen der Erziehung zum Betriebsleiter und der zum Leiter der Außen- oder Innenwirtschaft besteht ebenso wenig wie zwischen der der Außen- und der der Innenwirtschaft[112].

Es ist also festzustellen, daß kein Grund für einen Mannesvorzug ersichtlich ist, der ihn von der Gerechtigkeit her zu stützen vermöchte.

[110]) Vgl. Brugger S. 19ff.; Opitz S. 201; v. Bissing S. 56; Stockmann S. 421; Winkelmann S. 21; Ranke S. 274; v. Dietze (III) S. 145; a. A. Kahlke Schlesw. H. Anzeigen 1954/80ff. (89).

[111]) OLG Schleswig a. a. O. deutet dies an! Vgl. Reinhold a. a. O.

[112]) Zur Persönlichkeit des landwirtschaftlichen Unternehmers vgl. Sachs, Agr. Wirts. 1956/183ff.

Die Regelung des § 6 Abs. 1 S. 3 HO ist somit nicht mit Art. 3 Abs. 2 GG vereinbar.

Dagegen ist die Regelung des § 16 Rheinland-Pfalz und des § 5 Regierungsentwurf, die die gleiche Berufung von Mann und Frau zum Anerben vorsehen, mit dem Grundgesetz vereinbar.

Das besagt aber noch nicht, daß diese Gesetze in ihren Folgeordnungen die günstigste und systemgemäßeste Lösung gefunden haben.

Bei einem Versuch, die beste Lösung zu finden, muß an die oben ausgesprochene Forderung erinnert werden, daß das Anerbenrecht bezüglich seiner Wirksamkeit für den einzelnen Hof so auszugestalten ist, daß die Unterstellung bzw. das Verbleiben des Hofes unter Anerbenrecht gleichsam als letztwillige Verfügung des Erblassers anzusehen ist. Dieser Gedanke muß auch hier angewandt werden und bedeutet, daß das Anerbengesetz denjenigen aus dem Kreis der Verwandten des Erblassers zur Anerbschaft berufen muß, der im Falle einer letztwilligen Verfügung durch den Erblasser zum Anerben bestimmt worden wäre. Dieses Prinzip ist ja auch dem BGB eigen, das mit seinem System der Ordnungen und Stämme für die Verwandten und der Sonderregelung für den Ehegatten dem mutmaßlichen Willen des Erblassers weitestgehend entspricht.

Dieses Ziel kann nur unvollkommen mit einer allein für das Anerbenrecht geltenden besonderen Folgeordnung in den Hof, die mehr oder weniger vom allgemeinen Recht abweicht und nur für einen kleinen Kreis der nach allgemeinem Recht Erbberechtigten gilt, erreicht werden. Denn der Erblasser will einmal für seinen Hof vermutlich keine wesentlich andere Anerbenordnung als die allgemeine Erbenordnung, insbesondere nicht, daß sein Ehegatte, solange Abkömmlinge da sind, stets nur nach ihnen zum Anerben berufen sein soll. Zum anderen ist der Erblasser vermutlich nicht daran interessiert, den Hof nur bis zur Erschöpfung von zwei Ordnungen des allgemeinen Rechts (Abkömmlinge und der Ehegatte, Eltern und deren Abkömmlinge) ungeteilt auf einen der Erben übergehen zu lassen. Vielmehr wird er dann, wenn er schon einmal seinen Hof unter Anerbenrecht gestellt hat oder beläßt, ihn in jedem Fall nach Anerbenrecht vererbt wissen wollen. Auch ist es geradezu widersinnig, die weichenden Erben mit nicht dem Verkehrswert entsprechenden Abfindungen auszustatten, während die Erben aus entfernteren Ordnungen Erbteile nach den allgemeinen Regeln erhalten.

Daher fragt es sich, ob eine besondere Folgeordnung für das Anerbenrecht überhaupt notwendig ist oder ob nicht die allgemeine Folgeordnung genügt, die bezüglich der Anerbenberufung eine durch das Prinzip des Hofanfalles an nur einen der Miterben bedingte Modulation in Richtung auf den mutmaßlichen Willen des Erblassers erfährt.

Diese Frage ist nicht neu. Das ZGB zum Beispiel kennt eine Anerbenordnung nicht. Vielmehr werden alle nach dem allgemeinen Recht berufenen Erben (ähnlich dem Damnationsprälegat) Miterben der landwirtschaftlichen Besitzung; jeder Miterbe kann jedoch dessen Zuweisung an sich verlangen. Die Modulation der allgemeinen Vorschriften liegt darin, daß die Miterben aus der Zahl der Bewerber, oder bei Uneinigkeit das Gericht, so wie es auch der Erblasser getan hätte, den Tüchtigsten und Solventesten aussuchen und ihm den Hof zuweisen[113]). Das schweizerische Beispiel zeigt dadurch, daß diese Regelung seit dem Bestehen des ZGB keine Änderung erfahren hat, daß ein Anerbenrecht ohne besondere Folgeordnung auch eine brauchbare Lösung ist, wenn nur eine zweckmäßige Modulation der allgemeinen Bestimmungen gefunden ist.

In Deutschland sind, soweit zu sehen ist, keine Versuche in dieser Richtung hin unternommen worden[114]). Die Regelungen der gleichen Anerbenberechtigung der Abkömmlinge des Erblassers in den neueren Gesetzen, die insoweit dem mutmaßlichen Willen des Erblassers gerecht werden, beruhen ausschließlich auf dem Bestreben, den Gleichheitsgrundsatz zu befolgen.

Hinsichtlich der Berufung des Ehegatten aber verbleiben auch diese Gesetze bei der unbefriedigenden Regelung, die fast allen Höfegesetzen eigen war. Sie stellen den überlebenden Ehegatten in seiner Anerbenberufung schlechter als dies nach allgemeinem Recht für seine Erbberechtigung der Fall ist. Während der Ehegatte als gesetzlicher Erbe neben Abkömmlingen des Erblassers zu $^1/_2$, neben den Eltern des Erblassers und deren Abkömmlingen zu $^3/_4$ am Gesamtnachlaß beteiligt ist, besteht eine Anerbenberechtigung des überlebenden Ehegatten neben den Abkömmlingen überhaupt nicht, neben den Eltern und deren Abkömmlingen nur als eine vorläufige[115]). Der Sinn dieser Regelung ist, die Abwanderung des Hofes in eine andere Familie so weit als möglich und vertretbar zu verhindern[116]).

Wie weit eine solche Zwecksetzung heute noch sinnvoll ist, kann dahingestellt bleiben. Jedenfalls wird sie der Stellung des überlebenden Ehegatten nicht gerecht. Er, der oft ein Leben lang mit dem Erblasser den Hof als Familiengut und als Heimat der Kinder mit verwaltet und mit bestellt hat, muß, soweit Erbberechtigte neben ihm da sind, in der Anerbenberechtigung in den schlechteren Rang rücken, sei es durch die Berufung hinter den Abkömmlingen, sei es als gesetzlicher Vorerbe zu den Eltern und deren Abkömmlingen.

---

[113]) Art. 620, 621 ZGB.

[114]) Bei Hessen zum Beispiel ist das Fehlen einer besonderen Ordnung auf die Struktur des Gesetzes (mittelbares Anerbenrecht in weitester Ausgestaltung) zurückzuführen.

Kahlke a. a. O. hält eine Ordnung für unbedingt notwendig.

[115]) Vgl. HO § 6 Abs. 3, Rheinland-Pfalz § 16, Reg.Entw. § 8 Abs. 2, Nieders. Entw. § 8 Abs. 2. Das REG sah eine noch schlechtere Stellung vor (§§ 20, 26 REG, § 11 EHRV). Anders in Norwegen: Vgl. Purps S. 191; Wagemann S. 20 Anm. 87.

[116]) Vgl. BGH 1, 116; 1, 24; Pritsch MDR 1951/533; so auch bei der Erbfolge in einen Ehegattenhof: s. u.

Soweit die gemeinsamen Kinder herangewachsen sind und eines von ihnen den Hof übernehmen kann, ist die Regelung verständlich und richtig. Denn da nur einer der Erbberechtigten als Anerbe folgen kann, hat der Abkömmling als Jüngerer den natürlichen Vorzug, und der überlebende Ehegatte muß wie die übrigen Abkömmlinge mit der Abfindung vorliebnehmen. Insofern sind der überlebende Ehegatte und die übrigen Abkömmlinge „zweitrangig", eben weichende Erben!

Etwas anderes ist es aber, wenn die Kinder noch klein oder wenn nur noch die Eltern und deren Abkömmlinge da sind. Hier ist es nicht gerechtfertigt, das gesetzliche Erbrecht des überlebenden Ehegatten nicht auch für seine Anerbenberechtigung heranzuziehen, sondern ihm nur einen Nießbrauch am Hof bis zum vollendeten 25. Lebensjahr[117]) des zum Anerben berufenen Abkömmlings oder — bei Vorhandensein von Eltern des Erblassers und deren Abkömmlingen — die Stellung eines Vorerben[118]) und nicht die eines Anerben einzuräumen. Dies ist eine schematische, dem mutmaßlichen Willen des Erblassers zumeist nicht entsprechende und auch nicht von der Anerbensitte getragene[119]) Regelung.

Noch eklatanter wird die Situation für den überlebenden weiblichen Ehegatten bei den Ehegattenhöfen. Früher hatte das REG bestimmt, daß beim Tod des Bauern der Erbfall auch bezüglich des Hofanteiles der überlebenden Bäuerin als eingetreten galt — Beerbung nach einem Lebenden[120]) —, so daß der Anerbe Alleinerbe des ganzen Hofes wurde. Die HO wollte diese offensichtliche Ungerechtigkeit vermeiden, andererseits die Abwanderung des Hofes in eine andere Familie verhindern. Daher bestimmte sie in § 8 Abs. 1 — ebenso Rheinland-Pfalz § 18 —, daß der überlebende Ehegatte nur dann Vollerbe wird, wenn der Hof ganz oder überwiegend von ihm stammt, Vorerbe dagegen, wenn der Hof vom Erblasser stammt oder den Ehegatten zu gleichen Teilen gehört[121]). Der Regierungsentwurf wie auch der Niedersachsenentwurf (§ 9 Abs. 1) sehen die gleiche Regelung vor[122]).

117) Reg. Entw. § 14 Abs. 1 sieht die Vollendung des 28. Lebensjahres vor.

118) Er ist kein befreiter Vorerbe, vgl. Lange-Wulff Anm. 75; BGH NJW 1956/1516; eingehend Bonse, RdL 1957/67ff.

119) Vgl. Purps S. 184; Heim S. 22; Bode S. 10. In Norwegen (Gesetz über den ungeteilten Besitz v. 1927) ist der Ehegatte vor den Abkömmlingen berufen; ähnlich auch Dänemark und Schweden, vgl. Purps a. a. O. (191); Wagemann a. a. O. Die früheren Höfegesetze kannten die Einrichtung eines Hofvorerben nicht.

120) Vgl. Cammerer DJZ 1934/253ff., D. Not. Z. 1934/68ff.; Gülland DJ1934/576; Hase JW 1934/389.

121) Nach OLG Düsseldorf (JZ 1951/19), Lange-Wulff (Anm. 102) wird die Frau Hofvorerbe, weil der Hof als vom Manne stammend gilt (anerbenberechtigt sind nur dessen Abkömmlinge), nach BGH (JZ 1957/347), weil der überlebende Teil keine größere Beteiligung als der verstorbene hat (anerbenberechtigt sind alle Abkömmlinge). Scheffler (JZ1951/20) läßt überlebenden Ehegatten Vollerben werden.

122) Eine andere Lösung sieht vorerst der Reg. Entwurf — trotz Vermeidung des Mannesvorzuges — auch nicht, da er sich der Fassung des § 8 Abs. 1 HO ohne Änderungen anschließt (Erl. Reg. Entw. S. 17ff.).

Daß das keine gerechte Lösung ist und im künftigen Anerbenrecht keine Aufnahme mehr finden sollte, bedarf wohl keiner weiteren Darlegung.

Eng verbunden mit der Frage einer grundgesetzmäßigen Folgeordnung ist die Frage nach der Anerbenberechtigung innerhalb der einzelnen Ordnungen.

Bislang haben fast alle Anerbengesetze — als Pendant zu den besonderen Folgeordnungen — den Grundsatz des Majorats oder Minorats aufgestellt[123]). Diese Regelung war unbedenklich und erschien vernünftig, solange die Wahl aus gleichgeschlechtlichen Erben erfolgte. Bedenken tauchten auf, als der Mannesvorzug wegzufallen hatte. Es mußte, weil die weitverbreitete Sitte besteht, daß der Sohn vor der Tochter den Hof erhält, als unerträglich erscheinen, wenn der Mannesvorzug wegfiel, das Majorat oder Minorat aber bestehen blieb. Diese Überlegungen dürften weitgehend die Verteidiger des Mannesvorzuges zu ihrer Meinung bestimmt haben. Damit ist aber der Sache nicht gedient. Denn nachdem, wie oben festgestellt, der Mannesvorzug grundgesetzwidrig und die Grundgesetzmäßigkeit des Majorats oder Minorats zumindest fragwürdig geworden ist[124]), kann nicht in dem Vorbringen neuer Argumente, sondern nur in einer Anpassung eine Lösung gefunden werden. Diese ist in der Modulation der Vorschriften des allgemeinen Rechts über die Erbberechtigung zu suchen, wie es zum Beispiel das ZGB getan hat.

Versuche in dieser Richtung zeichnen sich auch bereits ab. So hat Rheinland-Pfalz (§ 17 Abs. 3) für die Abkömmlinge des Erblassers als erste Anerbenordnung die Bestimmung des Anerben nicht mehr allein dem starren Schematismus des Ältesten- oder Jüngstenrechts überlassen, sondern bestimmt:

Hat der Erblasser durch Art und Umfang der Beschäftigung eines Kindes auf dem Hof erkennen lassen, daß dieses Kind den Hof übernehmen soll, so geht es allen Kindern vor.

Mit dieser Regelung hat Rheinland-Pfalz — jedenfalls in seiner ersten Ordnung — den bisher üblichen Weg verlassen und in konstruktivem Durchdenken des Art. 3 GG eine beachtenswerte Lösung gefunden, die (fakultatives) Anerbenrecht als solches und die Anerbenbestimmung auf einen Nenner bringen: *Der Wille des Erblassers ist beachtlich!*[125])

In gleicher Richtung geht übrigens auch die Rechtsprechung[126]), die die Anerbenbestimmung durch den Erblasser nicht mehr unbedingt an die gesetzlichen Formvorschriften bindet (insbesondere beim Übergabe-

---

[123]) Kahlke a. a. O. (85) meint sogar, nur das Majorat habe Berechtigung; es finde sich immer bei Völkern, die einen gewissen Kulturzustand erreicht hätten.

[124]) Daß dies bei der nötigen strengen Auslegung des Art. 3 GG nicht der Fall ist, dürfte klar sein. Vgl. Herminghausen a. a. O.

[125]) Vgl. Fritzen a. a. O. Auf evtl. Schwierigkeiten bei der Feststellung des Anerben weist Pritsch (DNotZ 1953/618ff.) nicht ohne Recht hin.

[126]) BGH RdL 1954/173, 1955/109; OLG Hamm RdL 1956/87.

vertrag), sondern den Erblasser auch gegenüber demjenigen[127]), mit dem er durch konkludente Handlung oder ausdrückliche mündliche Erklärung einen (allerdings wegen Formmangels nichtigen) Übergabevorvertrag geschlossen hat, gültig verpflichtet sein läßt. Die Berechtigung dieser Entwicklung kann hier dahingestellt bleiben[128]). Interessant ist, daß auch die formlose, aber erkennbare Anerbenbestimmung rechtlich relevant sein soll.

Der Mangel der Rheinland-Pfälzischen Lösung ist, daß das alte Prinzip der Anerbenordnung verbunden mit dem Majorat oder Minorat als Regelfall beibehalten wird und nur für die Kinder des Erblassers die erwähnte Ausnahmeregelung erfolgt. Ähnlich sind auch der Niedersachsenentwurf und der Regierungsentwurf. Jener dehnt aber in § 6 Abs. 2 (Hilfsantrag) den Bereich der so durch den Erblasser (oder aus der besonderen Befähigung sich herleitend) erfolgten Anerbenbestimmung auf alle Berechtigten der Anerbenordnung, dieser auf alle Erbberechtigten überhaupt aus (§ 18)[129]).

Bei dem Versuch, zu einer möglichst gerechten und befriedigenden Regelung der Anerbenberufung zu gelangen, müssen also die folgenden Gedanken zur Geltung kommen:

1. Eine vom allgemeinen Recht abweichende Anerbenordnung sollte vermieden werden; gleichzeitig sollte das Anerbenrecht seinem Wesen entsprechend möglichst viele Ordnungen umfassen.
2. Der erkennbare oder mutmaßliche Wille des Erblassers sollte die Anerbenberufung weitgehend bestimmen.
3. Die Bevorzugung eines Geschlechtes muß unterbleiben.
4. Der überlebende Ehegatte sollte eine Anerbenrechtsstellung erhalten, die der ihm nach allgemeinem Recht eingeräumten Erbenstellung entspricht.

Die Abwägung aller Umstände, die für und gegen diese Postulate sprechen, führen zu folgendem Ergebnis:

1. Für die Berechtigung zum Anerben kann auf eine vom allgemeinen Recht abweichende Anerbenordnung verzichtet werden. Die eine Erwägung ist die, daß zugunsten eines einheitlichen Zivilrechts der Drang zum Gesetzesperfektionismus hintangestellt werden muß. Die andere ist die, daß es durchweg der Wille des Erblassers ist, in den Ordnungen den Erbberechtigten nach allgemeinem Recht die gleiche Berechtigung zur Anerbenstellung zu geben, daß insbesondere seinem überlebenden Ehegatten die gleiche Chance zur Erlangung der Anerbenstellung zukommt wie denjenigen, mit denen er zusammen erbberechtigt ist.

---

127) Bislang betrafen die Entscheidungen nur Abkömmlinge (Kinder); sicherlich wird die Entwicklung eine Ausdehnung mit sich bringen.

128) Sie ist lebhaft umstritten; vgl. Schulte RdL 56/177, Roemer DNotZ 57/283, Wieacker DNotZ 56/115, FamRZ 57/287.

129) Wenn Pikalo a. a. O. Ältesten- oder Jüngstenrecht doch beibehalten will, so ist das m. E. inkonsequent.

2. Wer von den Erbberechtigten der einzelnen Ordnungen im konkreten Fall als Anerbe berechtigt ist, muß sich ebenfalls vornehmlich nach dem Willen des Erblassers richten. Diesem wird dadurch Rechnung getragen, daß derjenige Anerbe zu werden hat, der vom Erblasser in irgendeiner Form, vor allem durch die Art und Weise seiner Ausbildung und der Anstellung auf dem Hof, deutlich erkennbar zu seinem Nachfolger bestimmt worden ist. Das wird weithin zum Beispiel der Sohn sein, kann aber auch die Tochter sein. Die Bestimmung liegt aber allein beim Erblasser.

Hat der Erblasser niemanden oder mehrere auf diese Weise bestimmt, dann ist es dem mutmaßlichen Willen des Erblassers am gemäßesten, wenn derjenige Anerbe wird, der die besten sachlichen und persönlichen Voraussetzungen aufweist, also wer fähig und in der Lage ist, diesen konkreten Hof (wenn auch nur als Pachthof)[130]) zu leiten. Denn hätte der Erblasser letztwillig verfügt, so hätte er sicherlich auch nach diesen Gesichtspunkten seinen Nachfolger ausgesucht[131]).

Diese Regelung scheint keine Besserstellung des überlebenden Ehegatten zu beinhalten. Dennoch ist es so: Vor allem wenn der Erblasser niemanden besonders hervorgehoben hat — das ist gerade dann der Fall, wenn die Kinder noch klein sind —, dann ist zumeist der Ehegatte derjenige, der die besten fachlichen Voraussetzungen hat. Daß der überlebende Ehegatte in diesem Fall den Hof als Erbe, nicht allein als Nießbraucher erhält[132]), ist wohl stets der Wille des Erblassers. Darauf weisen allein die vielen Ehegattenhöfe, besonders unter der Geltung der HO, hin[133]).

Mit dieser Regelung braucht auch in keiner Weise der Generationswechsel erschwert zu werden. Wenn der überlebende Ehegatte auf Grund dessen, daß der Erblasser noch keinen seiner jugendlichen Abkömmlinge zu seinem Nachfolger hat bestimmen können, Anerbe geworden ist, so nimmt er die Stellung des Erblassers in jeder Hinsicht ein. So obliegt es ihm nun wie dem Erblasser, einen Nachfolger auszuwählen und heranzubilden. Stirbt der überlebende Ehegatte, so muß der von ihm erkennbar gemachte Nachfolger Anerbe werden, wie dies beim Tode des Erblassers auch gewesen wäre. Ist aber die Ausbildung des Nachfolgers be-

---

[130]) Vgl. hierzu Barnstedt RdL 1956/4.

[131]) Vgl. die „untertänige Sukzessionspragmatik“ der Maria-Theresia von 1770 mit dem Grundsatz: Das Gut ist mit jenem der gleich nahen Verwandten des Erblassers zu besetzen, der als der beste Wirt erkannt wird (zit. bei Schönbauer S. 310).
Die Ausnahme ist ja, daß ein entfernterer Verwandter letztwillig vor einem näheren zum Anerben bestimmt wird, nur weil dieser zur unmittelbaren Bewirtschaftung des Hofes nicht willens oder fähig war.

[132]) Nießbrauch hat der überlebende Ehegatte sowieso kraft elterlicher Gewalt bis zum 21. Lebensjahr des gemeinsamen Kindes, wenn dieses bereits zum Anerben bestimmt worden ist. Für eine vom BGB abweichende Hinausschiebung der Nutzverwaltung bis zu dessen vollendetem 25. oder 28. Lebensjahr ist kein triftiger Grund ersichtlich.

[133]) Vgl. Reinicke a. a. O.; auch v. Bissing S. 45.

reits vor dem Tode des überlebenden Ehegatten abgeschlossen, so hat dieser, wie der Erblasser, die moralische[134]) Pflicht zur Hofübergabe. Die Pflicht fruchtet aber nicht, wenn nicht auch für den überlebenden Ehegatten ein Anreiz zur Übergabe geschaffen wird. Die diesbezügliche Gesetzgebung sollte das genügend berücksichtigen[135]).

Unbefriedigend könnte auch erscheinen, daß die Eltern des Erblassers zusammen mit deren Abkömmlingen anerbenberechtigt sein sollen. In diesen Fällen hat aber der Erblasser seinen noch lebenden Elternteil meist durch die Tatsache, daß dieser Altenteiler auf dem Hof ist, als seinen Nachfolger kenntlich gemacht. Leben beide Eltern noch, so ist nichts dagegen einzuwenden, daß derjenige von ihnen den Hof als besonders Befähigter erhält, von dem der Hof stammt. Daß die Eltern den Hof als Ehegattenhof gemeinsam erhalten[136]), ist freilich eine Möglichkeit, scheint aber nicht grundsätzlich notwendig zu sein.

3. Hat der Erblasser mit seinem Ehegatten einen Ehegattenhof besessen, so lag dies zumeist darin begründet, den Ehegatten auch für die Zeit nach seinem, des Erblassers Tode sicherzustellen[137]). Daraus darf wohl zu Recht geschlossen werden, daß der Erblasser, ohne Rücksicht auf die Herkunft des Hofes oder seiner Beteiligung an ihm, seinen Ehegatten vor seinen Abkömmlingen oder seinen Eltern und deren Abkömmlingen als seinen Nachfolger wissen will[138]).

4. Wird in der oben dargelegten Weise verfahren, dann erübrigt es sich, von mehreren Anerbenberechtigten den Berufenen nach dem System des Majorats oder Minorats zu bestimmen. Denn dadurch, daß der erkennbare oder mutmaßliche Wille des Erblassers so weitgehend Beachtung finden soll, wird der Anerbe direkt durch die ausdrückliche Bestimmung oder durch die konkludente Handlung des Erblassers selbst berufen, indirekt durch das hier vorgesehene Leistungsprinzip.

Damit werden, wenn der Nachfolger nicht schon anderweitig erkennbar gemacht worden ist, in die Festlegung der objektiven Voraussetzungen der Anerbenberufung incidenter auch die subjektiven mit einbezogen. Die früheren Gesetze, die eine starre Hoferbenordnung mit nur erschwerter Ausschlußmöglichkeit derselben durch letztwillige Verfügung hatten, mußten, um unliebsame wirtschaftliche und sonstige Konsequenzen zu vermeiden[139]), die Berufung von der Erfüllung bestimmter, in der Person des Berechtigten liegenden Voraussetzungen abhängig machen. Die HO

---

[134]) Nicht wohl „gesetzliche" Pflicht: Vgl. so §§ 15 Abs. 2, 27 Abs. 2, 43 EHFV. Über die feste Sitte der zeitigen Hofübergabe vgl. Winkelmann S. 7, auch Bücker S. 13ff.

[135]) Vgl. Abel Agr. Wirts. 1956/193. Das Altershilfegesetz v. 18. 6. 1957 (BGBl. I S. 1063) wirkt nicht auf dieses Ziel hin.

[136]) Vgl. Bosch (II) S. 50; Pikalo a. a. O.; Henrici a. a. O.

[137]) Vgl. Reinicke a. a. O.

[138]) So auch der österreichische Entwurf 1951 (vgl. Schönbauer S. 313); vgl. das Fuldaer Erbrecht (zit. bei v. Tüngen-Roßbach S. 176).

[139]) Vgl. Lange-Wulff Anm. 88; Wöhrmann (II) S. 112ff.

hat von dem Katalog solcher Voraussetzungen, die insbesondere das BER (§ 2) und das REG (§ 1 Abs. 7) aufgestellt hatten[140]), allein die Voraussetzung der Wirtschaftsfähigkeit übernommen (§ 6 Abs. 5 HO). Danach wird der Berechtigte nicht Anerbe, wenn er nicht wirtschaftsfähig ist[141]). Da die Forderung nach unbedingter Wirtschaftsfähigkeit wiederum Auswirkungen gehabt hätte, die nicht von der Landbevölkerung hingenommen worden wären, hat die HO selbst schon Einschränkungen vorgenommen. Sie bestimmt, daß der Berechtigte nicht ausscheidet, wenn er nur wegen mangelnder Altersreife[142]) nicht oder wenn von allen Abkömmlingen keiner wirtschaftsfähig ist; auch braucht der überlebende Ehegatte (beim Ehegattenhof zum Beispiel) nicht wirtschaftsfähig zu sein (§ 6 Abs. 5, S. 2 HO).

Der Gedanke, daß nur *der* anerbenberechtigt sein soll, der den Hof leiten kann, ist richtig; er ist dem Anerbenrecht immanent. Er bedarf aber seiner gesetzlichen Formulierung, die nie ganz eindeutig sein kann, nicht, wenn er der Anerbenberufung bereits innewohnt. Das ist in der vorgesehehenen Lösung der Fall. Dadurch, daß der Erblasser oder die Fähigkeit des Berechtigten an sich denjenigen bestimmen sollen, der im weitesten Maße den Bestand des Hofes zu erhalten und zu vermehren verspricht, ist die Prüfung und gleichzeitige Bejahung der Wirtschaftsfähigkeit des Berechtigten darin schon eingeschlossen. Mit dieser Art der Auswahl ist ein Erfolg verbunden, der durch eine gesetzliche Normierung der Wirtschaftsfähigkeit nicht erreicht werden kann. Während das Gesetz damit nur den Unfähigen ausschalten kann, vermag die vorgesehene „individuelle" Auswahl den Tüchtigsten zum Anerben zu berufen[143]).

5. Es läge nahe, dem mutmaßlichen Willen des Erblassers in noch weitergehendem Maße Rechnung zu tragen, indem auch Personen einer späteren Erbenordnung, sofern sie vom Erblasser zu seinem Nachfolger bestimmt sind, eine gesetzliche Anerbenberufung vor den Erbberechtigten der früheren Ordnung zugebilligt würde[144]). Eine solche Ausdehnung muß aber abgelehnt werden, weil mit dieser Regelung eine neuerliche Abweichung in das Zivilrecht hineingetragen würde, die von einer gesetzgeberischen Notwendigkeit nicht mehr gedeckt ist.

---

[140]) Vgl. Vogels § 1 Anm. 32; Dölle §§ 16ff.

[141]) Über den Begriff der Wirtschaftsfähigkeit vgl. Lange-Wulff Anm. 88; Pritsch DNotZ 1952/199; Barnstedt a. a. O.; Frisius a. a. O.; Reinhold a. a. O.; BGH RdL 1955/84.

[142]) Anders Art. 8 Württemberg (neu), vgl. OLG Tübingen RdL 1952/303; vgl. auch Reinhold a. a. O.; Frisius a. a. O.

[143]) Vgl. Guggenheim S. 114; Sachs a. a. O.; v. Baumbach S. 114; REHG (REHGE 6, 138; 147); Schönbauer S. 312 bezüglich Österr. Entw. 1951: Bei gesetzlicher Erbfolge überträgt das Verlassenschaftsgericht nach dem mutmaßlichen Willen eines tüchtigen Bauern und Familienvaters den Hof an den Tüchtigsten der Anerbenberechtigten. Der BGH scheint nicht immer den Besten als berufen ansehen zu wollen (bei Pritsch MDR 1951/534).

[144]) Vgl. z. B. REG § 25 Abs. 5, Reg. Entw. § 8 Abs. 3 S. 2.

6. Weiter ergibt sich, daß eine Vielzahl von Vorschriften, die bislang die deutschen Anerbengesetze aufblähten und verkomplizierten, und manches dem Zivilrecht unbekannte Rechtsinstitut ersatzlos wegfallen können. So ergibt sich der Kreis der Erbberechtigten ausschließlich nach den Vorschriften des BGB. Das Institut der gesetzlichen Vorerbschaft fällt weg, ebenfalls die Bestimmung des Anerben durch den überlebenden Ehegatten[145]), eine dem BGB unbekannte Konstruktion[146]).

Die im Vorstehenden umrissene Lösung der Anerbenfolge läßt sich in folgende Formulierung fassen:

1. Von den Erbberechtigten wird derjenige Anerbe, den der Erblasser nach außen erkennbar, insbesondere durch die Art, den Umfang und die Dauer seiner Beschäftigung auf dem Hof oder seiner Ausbildung, zu seinem Nachfolger bestimmt hat.
2. Hat der Erblasser mehrere oder niemanden der Erbberechtigten als Anerben zu erkennen gegeben, so wird derjenige Anerbe, der auf Grund seiner Ausbildung und bisherigen Tätigkeit in der Landwirtschaft und auf Grund seiner Persönlichkeit besonders zur Leitung des Hofes geeignet erscheint.
3. Bei einem Ehegattenhof wird der überlebende Ehegatte Anerbe.

Diese Lösung der Anerbenfolge hat den Vorzug, daß generelle Vorschriften über die Anerbenfolge vermieden werden, die der dauernd sich wandelnden Sitte und Anschauung immer nur in einem bestimmten Zeitpunkt für einen Teil der anfallenden Intestatanerbfälle gerecht werden kann. Sie werden durch Vorschriften ersetzt, die im Rahmen der Ordnungen nach allgemeinem Recht den letzten oder doch den mutmaßlichen Willen des Erblassers in jedem einzelnen Fall und gleichzeitig die Erwartungen der Erben, insbesondere des sich zum Anerben berufen Ansehenden soweit als möglich erfüllen. Außerdem, und das ist nicht das Unwichtigste, wird diese Regelung der Anerbenfolge dem Art. 3 GG, insbesondere seinem zweiten Absatz, einerseits und den Interessen und Anschauungen der Landbevölkerung andererseits gerecht. Dabei bedarf es keiner mehr oder weniger überzeugenden Argumente für oder wider pie Grundgesetzmäßigkeit des Mannesvorzuges und des Majorats und Minorats mehr.

Die Lösung selbst ist eine Fortentwicklung der Hoferbenordnungen der Höfegesetze einerseits und des Zuweisungsverfahrens des Art. 620 ZGB und des Art. IV, 17 Brit. MRVO 84 andererseits. Sie unterscheidet sich von jenen dadurch, daß sie keine objektive, sondern eine „individuelle" Berufungsordnung enthält, von diesen, daß sie nicht auf Antrag, sondern kraft Gesetzes die Berufung des Anerben eintreten läßt.

[145]) Vgl. schon Hannover § 21; auch Herminghausen DNotZ 1953/244.
[146]) Vgl. RdL 1951/183; auch Lange-Wulff Anm. 194.

III. Die Rechtsstellung der weichenden Erben

Gleichviel wer immer auch Anerbe werden mag: Diejenigen Erbberechtigten, die nicht berufen sind, sind die weichenden Erben.

Ihnen ist mit der Beantwortung der Frage, wer Anerbe wird, noch nichts über ihre eigene Rechtsstellung als weichende Erben gesagt.

Ihre Rechtsstellung ist zunächst direkt abhängig davon, wie der Anerbe seine Rechtsstellung erwirbt. Denn es ist offensichtlich, daß, je stärker der Rechtserwerb des Anerben ausgebildet ist, um so schwächer die Position der weichenden Erben sein muß und umgekehrt[147]). Die Nachfolge in den Hof kann sich in zweifacher Art vollziehen, einmal als Spezialsukzession, zum anderen als Universalsukzession.

Spezialsukzession[148]) bedeutet, daß das Vermögen des Erblassers im Erbgang nicht ein einheitliches Ganzes bleibt, sondern mit seinen Aktiven und Passiven[149]) in zwei gesonderte und selbständige Nachlaßkomplexe zerfällt. Den einen Komplex stellt der Sachinbegriff „Hof", den anderen das übrige Vermögen, das sogenannte „Allod"[150]), dar. Beide Komplexe gehen im Erbgang gesonderte, ihnen ausschließlich zugehörige Wege: Der Hof fällt an den Anerben; die übrigen, nach dem allgemeinen Recht berufenen Erben haben an ihm kein Erbrecht[151]). Das Allod vererbt sich nach allgemeinem Erbrecht. Gehört der Anerbe auch zu dem Kreis der nach allgemeinem Recht berufenen Erben, so partizipiert er unabhängig vom Erwerb des Hofes am Allod.

Diese deutschrechtliche Art der Nachfolge in das Vermögen des Erblassers findet sich im Fideikommißrecht, ausnahmsweise im Anerbenrecht[152]). So haben lediglich Hessen (alt), Bayern 1855, Baden 1898, Mecklenburg-Schwerin, BER und REG die Nachfolge in den Hof als Spezialsukzession ausgebildet[153]). Dies ist allerdings, wie sich gerade bei den beiden letzteren Gesetzen aus der Anrechnung des Hofeswertes auf den Anteil des Anerben am Allod und aus der gesamtschuldnerischen Haftung des Anerben und der Miterben für die Nachlaßverbindlichkeiten ergibt, nicht im ganzen konsequent durchgeführt. Vielmehr sind Elemente der Universalsukzession aufgenommen.

Die Universalsukzession als römisch-rechtliche Konstruktion der Nachfolge in das Vermögen des Erblassers läßt die Miterben insgesamt

---

[147]) Frinken S. 11.

[148]) Vgl. Bode S. 32ff.; Knubel S. 43; Müller-Wilm S. 2f.

[149]) A. A. Bode S. 33ff.

[150]) Im folgenden für das nicht hofgebundene, freie Vermögen des Erblassers gebraucht.

[151]) Frinken S. 14.

[152]) Über die philosophischen Grundlagen vgl. Stahl Bd. II Abt. 1 Buch 3, Abschn. 3, Kap. 5.

[153]) Vgl. Bode S. 30ff.; Dölle § 41, II 2; Bosch (I) S. 15ff.; Knubel S. 44; Müller-Wilm S. 4; Frinken S. 12; Schapp S. 49; Wagemann-Hopp § 19 Anm. 1; a. A. Vogels § 19 Anm. 2; Baumecker § 33 Anm. 1; Wöhrmann (I) § 19 Anm. 2.

Erben des gesamten Nachlasses werden. Dies ist dem allgemeinen Recht und dem Anerbenrecht gleichermaßen eigen.

Da das Anerbenrecht bezweckt, den Hof geschlossen auf einen der Erben übergehen zu lassen, muß es auch insoweit den Rechtserwerb regeln. Und zwar kann dies in Form des sogenannten „Vindikationsprälegats“ und des sogenannten „Damnationsprälegats“ erfolgen.

Das Vindikationsprälegat[154]) ist eine dingliche wirkende Erbteilung; im Augenblick des Anfalles des Nachlasses an die Erben geht der Hof — nach einer logischen Sekunde[155]) — mit dinglicher Wirkung auf den Anerben über. Das Grundbuch wird falsch und bedarf der Berichtigung. Das Damnationsprälegat[156]) gibt dem Anerben nur einen obligatorischen Anspruch gegen die Miterben auf Überweisung des Hofes an ihn. Erst durch die Grundbucheintragung wird der Anerbe Eigentümer des Hofes[157]).

Die Frage, welche Art des Rechtserwerbes des Anerben die heute gemäße ist, muß, ebenso wie die vorige Frage, von dem Grundgesetz her gelöst werden.

Art. 14 Abs. 1 GG bestimmt: Das Eigentum und das Erbrecht werden gewährleistet. Inhalt und Schranken werden durch did Gesetze bestimmt.

Mit dieser institutionellen Garantie wird dem Gesetzgeber verwehrt, das Rechtsinstitut des privaten Erbrechts aufzuheben oder in seinem Gesamtcharakter so zu verändern, daß von einem Erbrecht nicht mehr gesprochen werden kann. Zwar kann das geltende Erbrecht im Wege der einfachen Gesetzgebung bezüglich seines Inhaltes und seiner Schranken abgeändert werden. Aber die einzelnen Grundsätze selbst, die das Wesen des heutigen Erbrechts ausmachen[158]), bleiben dem Zugriff des Gesetzgebers entzogen[159]).

Zu den Grundsätzen des Erbrechts, die nicht abgeändert werden dürfen, zählt der Grundsatz des gleichen Erbrechts aller gesetzlichen Erben[160]).

Dieser Grundsatz ist bei der Spezialsukzession, wie sie zum Beispiel das REG in Anlehnung an das Fideikommißrecht vertreten hat, nicht gewahrt. Denn durch die Trennung des Nachlasses in zwei voneinander unabhängige Komplexe, den Hof und das Allod, sukzediert ausschließlich der Anerbe in den Hof, während die weichenden Erben nur in das Allod sukzedieren. Sie sind also keine weichenden Erben im eigentlichen Sinne, weil sie weder anteilmäßig Eigentümer des Hofes noch mit ihrem

---

[154]) Vgl. Beismann S. 18; Dölle S. 4; Knubel S. 44; Günther S. 7ff.
[155]) So auch Müller-Wilm S. 9; a. A. Lange-Wulff Anm. 56.
[156]) Beismann S. 23; Dölle a. a. O.; Günther S. 6; Knubel a. a. O.
[157]) Vgl. zur schweiz. Abart: Guggenheim S. 113f.
[158]) Vgl. im einzelnen Böhmer (II) S. 410ff.
[159]) v. Mangoldt Art. 14 GG, Anm. 3; auch Böhmer (II) a. a. O.
[160]) Vgl. Guggenheim S. 130; Böhmer (II) a. a. O. jedenfalls für Abkömmlinge, Ehegatten und Eltern.

Anteil wertmäßig berechtigt werden; sie sind nicht einmal ideelle Erben am Hof[161]). Räumen die Gesetze allen oder bestimmten Miterben[162]) bestimmte Rechte ein, die unter dem Begriff „Versorgungsansprüche" zusammengefaßt werden können[163]) (Unterhalt und Erziehung der Minderjährigen, Ausbildung, Ausstattung und Aussteuer, Heimatzuflucht)[164]), so sind dies familienrechtsähnliche Ansprüche[165]). Sie sind nicht Ersatzansprüche für *nicht verwirklichtes* Erbrecht (Verlust des Erbanteils), sondern gesetzliches Surrogat für *verlorenes* Erbrecht[166]). Da die Miterben kein Erbrecht am Hofe haben, steht ihnen auch kein Pflichtteil (als Noterbrecht[167])) zu[168]). Die Versorgungsansprüche selbst als Pflichtteil zu bezeichnen, dürfte nicht richtig sein. Denn sie sind keine Ansprüche gegen den Anerben als Erben, sondern nur gegen ihn als Sachwalter des Hofes[169]). Daher erlöschen auch die Ansprüche bei Veräußerung des Hofes (oder bei Verlust der Hofeigenschaft)[170]).

Die Spezialsukzession nimmt also den weichenden Erben das Erbrecht am Hofe; sie enterbt sie insoweit. Das bedeutet aber die Aufgabe des Grundsatzes des gleichen Erbrechtes.

Anders ist es bei der Universalsukzession.

Die Gesetze, die ihr folgen, zum Beispiel die HO und die anderen Höfegesetze[171]), lassen das Erbrecht der gesetzlichen Erben am Hofe bestehen. Sie und der Anerbe sukzedieren gemeinsam in den Hof[172]). Daran ändert nichts, daß einem der Miterben der Hof kraft Gesetzes zugesprochen wird oder ihm ein Anspruch gegen die übrigen Miterben auf Zuweisung

---

[161]) Vgl. Frinken S. 14f.

[162]) Bei der Spezialsukzession kann der Kreis der Berechtigten kleiner als nach allgemeinem Erbrecht gehalten werden, weil nur der Anerbe „erbt"; die Verpflichtung zur Erfüllung von Versorgungsansprüchen mit der damit oft verbundenen Annahme von Dienstleistungen der Berechtigten ist dem Anerben nur hinsichtlich seiner nächsten Verwandten zumutbar. Bei der Universalsukzession wird die Frage nicht akut, weil die Berechtigten Geld- oder geldgleiche Ansprüche gegen den Anerben haben. Vgl. Domino S. 16ff.; Fitzau DR 1933/119.

[163]) Vgl. Lange-Wulff Anm. 158.

[164]) Vgl. hierzu Ahammer S. 42ff.; Bode S. 12ff.; Burghoff S. 16ff.; Frinken S. 37ff.; Hawlitzky JW 1934/2900; Seraphim S. 106; v. Zwehl JW 1933/1289.

[165]) Vgl. unten S. 76f.

[166]) Bosch (I) S. 67; Burghoff S. 23; Oehlschläger JW 1933/1632; Knubel S. 58; v. Gunten S. 28; auch Frinken S. 25.

[167]) Vgl. Braga AZP 153/144ff.

[168]) Bode S. 31; Frinken S. 15; Bosch (I) S. 71ff.

[169]) Vgl. Vogels § 30 Nr. 2; Wöhrmann JW 1933/2813.

[170]) Vgl. Ahammer S. 54f.; Schiek JW 1934/3216; a. A. Bode S. 18.

[171]) Aufstellung bei Müller-Wilm S. 4; dazu Rheinland-Pfalz, Tirol (neu).

[172]) Nach unserem Vorschlag sukzedieren sie immer gemeinsam in den Hof und das Allod, was zum Beispiel nach Reg. Entw. § 8 Abs. 3 S. 2 und nach HO, wenn in einer Ordnung kein wirtschaftsfähiger Erbe ist (Ausnahme § 6 Abs. 5 S. 2, 2. Alternative), nicht der Fall ist. Dies ist auch rechtsdogmatisch unbedingt notwendig, weil es undenkbar ist, daß ein Erbe nur Erbe eines Teiles des Nachlasses wird. Es kann Lange-Wulff Anm. 55 nicht beigepflichtet werden, daß der Hoferbe auch Erbe sei, wenn er nicht am Allod beteiligt ist.

des Hofes durch Gesetz gegeben wird, um dem anerbrechtlichen Prinzip der geschlossenen Hofübergabe gerecht zu werden. Denn diese Regelung der Rechtsstellung des Anerben ist ja eine Teilungsanordnung und notwendig verbunden mit der Regelung der Rechtsverhältnisse der weichenden Erben. Und zwar ist ihnen für den gesetzlich vorgeschriebenen Verlust ihrer Erbanteile am Hofe stets ein wirtschaftlicher Ausgleich durch die sogenannten Abfindungen in der Form eines Geldanspruches als Ausgleich der Nichtverwirklichung des Erbrechts hinsichtlich des Hofes gegeben[173]). Daneben stehen den weichenden Erben auch noch — übernommen aus der Anerbensitte und zur Milderung des Eingriffes — in bestimmtem Rahmen „Versorgungsansprüche" zu, die aber, im Gegensatz zur Spezialsukzession, Erbansprüche sind[174]).

Diese Anerbengesetze also, nach deren Vorschriften dem Anerben der Hof als Teil der Erbschaft aus dem Gesamtnachlaß allein zufällt und im Verhältnis der Miterben zueinander an die Stelle des Hofes dessen Wert tritt, berühren nicht das Erbrecht der Miterben als solches; sie regeln nur seinen Inhalt, indem sie den Erbanspruch formmäßig verändern. Die formmäßige Veränderung allein verstößt noch nicht gegen die Grundprinzipien des Erbrechts[175]). Daher ist die Universalsukzession grundsätzlich mit Art. 14 Abs. 1 GG vereinbar.

Eine formmäßige Veränderung der Erbansprüche durch gesetzliche Teilungsanordnung kann aber nur zwischen Miterben geschehen. Anders ist es, wenn der „Anerbe" nicht gleichzeitig Erbe nach allgemeinem Recht, sondern nur „Berufener"[176]) ist. Die Zuweisung des Hofes kraft Gesetzes ist dann nicht mehr eine Teilung des gemeinsam erlangten Nachlasses zwischen den Miterben; der Wert des Hofes tritt nicht im Verhältnis der Miterben zueinander an die Stelle des Hofes. Vielmehr liegt eine Wegnahme eines gemeinsamen Nachlaßgegenstandes zugunsten eines unbeteiligten Dritten vor, und die Beteiligung der Miterben am Hofeswert ist nicht ein formmäßig veränderter Erbanspruch, sondern ein irgendwie gearteter Ersatzanspruch[177]).

Wenn der Gesetzgeber in § 6 Abs. 5 HO (§ 6 Abs. 2, 3 Reg. Entw., Nieders. Entw.) einen Nichterbberechtigten zum „Anerben" beruft, scheint er ihn aber nicht anders als einen echten Anerben behandelt wissen zu wollen, zum Beispiel hinsichtlich des Erwerbs im Wege des

---

[173]) Vgl. Beismann S. 49; Knubel S. 58; v. Dultzig S. 219; Frommhold S. 44ff.; Clasen S. 47; Günther S. 13.

[174]) Vgl. Burghoff S. 15f.; Günther S. 63f.; Lange-Wulff Anm. 168ff.; OLG Hamm RdL 1951/304.

[175]) Hier bedarf es nicht weiter der Erörterung, ob die Teilungsanordnung den Weg des Vindikations- oder Damnationsprälegats gehen soll; darüber wird bei der Erörterung der Abfindungen und der Nachlaßverbindlichkeiten zu handeln sein.

[176]) Typisch für die Fideikommisse; vgl. Wagemann S. 5; a. A. Lange-Wulff Anm. 55.

[177]) Würde man einen solchen Anerben als gesetzlichen Vermächtnisnehmer ansehen, so wären die Abfindungen Auflagen.

Vindikationsprälegats und der Haftung für Nachlaßverbindlichkeiten[178]). Andererseits läßt er den „Anerben" nicht am Wert des Hofes, der im Verhältnis der Miterben untereinander an die Stelle des Hofes tritt, beteiligt sein. Diese Diskrepanz zeigt, daß die Konstruktion der Berufung eines nicht nach allgemeinem Recht Erbberechtigten zum Anerben rechtsdogmatisch unhaltbar ist. Sie zeigt aber auch, daß in der Berufung eines solchen Anerben ein Verstoß gegen die Grundsätze des Erbrechts liegt, deren einer der ist, daß ausschließlich die gesetzlichen Erben im Intestaterbfall die Rechtsnachfolge in das Vermögen des Erblassers antreten[179]). Daher sind die oben angezogenen Vorschriften mit der geltenden Rechtsordnung nicht vereinbar.

Zusammenfassend ergibt sich somit, daß heute lediglich ein Anerbengesetz gelten kann, daß den Rechtserwerb des Anerben im Wege der Universalsukzession vorsieht, weil nur hierdurch ein echtes Erbrecht der weichenden Erben am Hofe gewährleistet ist. Daß dem auch die Anerbensitte entspricht, sei nur erwähnt[180]).

IV. Die Rechte der weichenden Erben

Oben wurde bereits ausgeführt, daß es in dem heutigen Rechtsbewußtsein den Grundsatz des gleichen Erbrechts gibt. Das bedeutet nicht nur, daß die nach allgemeinem Recht Erbberechtigten auch im Anerbenrecht ihr Erbrecht am Hof behalten (Universalsukzession), sondern darüber hinaus, daß alle Erbberechtigten einen gleichen Anteil am Nachlaß erhalten müssen.

Wieweit dieser Grundsatz verwirklicht werden kann und Wirklichkeit geworden ist, soll im folgenden untersucht werden.

Soweit die Anerbengesetze dem Prinzip der Universalsukzession folgen und damit eine gesetzliche Teilungsanordnung aufstellen, setzen sie an die Stelle des Erbteils am Hofe, der dem Anerben geschlossen zugeteilt wird, einen Geldanspruch, die sogenannte Abfindung. Zu ihrer Berechnung muß daher der Hof mit einem Wert in Ansatz gebracht werden, der als sogenannter Anrechnungswert an die Stelle des Hofes tritt[181]).

Damit werden die Erbansprüche der Miterben zwar formungleich; das verletzt aber allein nicht den Grundsatz des gleichen Erbrechts, wenn

[178]) Dies allerdings ausdrücklich und notwendigerweise, nicht — wie Lange-Wulff a. a. O. meint — zur Verdeutlichung; denn der „Berufene" haftet nicht aus sich für Nachlaßverbindlichkeiten.

[179]) Böhmer (II) a. a. O. sagt dies ebenfalls wenigstens für Abkömmlinge, Ehegatten und Eltern, wenn er ihnen grundsätzlich ein Erb- bzw. Pflichtteilsrecht zuerkennt.

[180]) Vgl. Jessen S. 262 ff.; Opitz S. 201 ff.; Pechan S. 27 ff.; Stockmann S. 409 ff.; Frost (IV) S. 362 ff.; (III) S. 335 f., 349 ff.

[181]) Vgl. § 4 S. 1 HO, §§ 12 Abs. 1 und 2 Reg. Entw., Nieders. Entw.; anders Bremen § 13 Abs. 1.

nur durch die Formungleichheit nicht eine Wertungleichheit eintritt. Dies hängt wesentlich von der Festsetzung des Anrechnungswertes ab.

Im Anerbenrecht ist dieser Wert in verschiedener Weise festgesetzt worden. Die Festsetzung ist teils nach billigem Ermessen (billiger Taxe, Brüder-Schwestertaxe[182])) erfolgt. Diese Art stimmt weitgehend mit der Gepflogenheit überein, die der Bauer bei der Hofübergabe oder bei letztwilligen Verfügungen anwendet[183]). Teils ist der Anrechnungswert durch Kapitalisierung des wirtschaftlichen Reinertrages des Hofes mit einem Multiplikator festgesetzt worden, dessen Höhe verschieden geregelt war[184]). Andere Gesetze sind von einem nach steuerlichen Gesichtspunkten ermittelten Reinertrag ausgegangen und haben diesen mit einem steuerlichen (so beim Einheitswert) oder mit einem besonderen Multiplikator kapitalisiert[185]). Da in den beiden letzteren Festsetzungsarten besondere, objektiv wertsteigernde Momente nicht berücksichtigt werden können (zum Beispiel wertvolle Gebäude, Bauland usw.), hat dieser Umstand seinen Niederschlag darin gefunden, daß entweder statt des „Ertragswertes" der Verkehrswert als Anrechnungswert galt oder Zuschläge zum „Ertragswert" gemacht wurden[186]). Der Verkehrswert als genereller Anrechnungswert findet sich in keinem Gesetz.

Diese Uneinheitlichkeit zeigt, daß die Festsetzung des Anrechnungswertes der Kernpunkt der Abfindungsfrage und letztlich des Anerbenrechts ist[187]).

Die Ursache für die Vielgestaltigkeit war stets das Bemühen, die Höfe vor Überschuldung im Erbgang zu bewahren[188]). Die starken wirtschaftlichen und soziologischen Unterschiede (vor allem bezüglich der Kinderzahl) der einzelnen Gegenden in den verschiedenen Epochen der Entstehung wirkten auf die Sitten und Gesetze. Die Regeln über den Anrechnungswert waren das Ergebnis der Abwägung der Interessen des Anerben und damit „des Staates" einerseits und der nicht zu umgehenden Mindestforderungen der weichenden Erben andererseits.

Die extremsten Formen, die die Abwägung der beiderseitigen Interessen zugunsten der einen oder der anderen Seite zeitigten, waren einmal

---

[182]) Vgl. Näher-RechtsVO Art. 10, Österreich § 7 Abs. 1, Tirol (alt) § 19, Kärnten § 9, Böhmen § 8; Norwegen § 17.

[183]) Vgl. Pechan S. 19ff.; v. Bissing S. 47ff., 56f.; Jessen S. 262ff.; Fuchs S. 430ff.; v. Baumbach S. 115.

[184]) Faktor 25: Westfalen § 25, Rentengutanerbengesetz § 17 Abs. 3, Bremen § 12 Abs. 3, Reg. Entw. § 12 Abs. 1; Faktor 20: Hannover § 13 Nr. 4; Waldeck § 21 Nr. 4; Faktor abhängig vom jeweiligen Zinsfuß: Oldenburg § 13. Vgl. EGBGB Art. 137; für Preußen § 83 Preuß. Ausf.G. z. BGB.

[185]) Faktor 30: Brandenburg § 13; Faktor 40: Schlesien § 14; Faktor 25—45: Kassel § 19; vgl. auch § 12 HO und Nieders. Entw.

[186]) Vgl. Westfalen § 25 Abs. 4, Hannover § 13 Nr. 5, Schaumburg § 19 Nr. 5, Lauenburg § 14 Abs. 8, HO § 12 Abs. 2, Reg. Entw. u. Nieders. Entw. § 12 Abs. 2; Domino S. 26ff.

[187]) Vgl. Beutner S. 214, Burghoff S. 10; a. A. v. Gunten S. 27.

[188]) Burghoff S. 10 leugnet jeden dahingehenden Erfolg.

das REG, zum anderen der geschlossene Hofübergang in Realteilungsgebieten.

Das REG sah in dem Hof das vom Anerben treuhänderisch verwaltete Gut der Familie[189]). Daher war der Hofeswert für die weichenden Erben gleich Null. Zu dieser Auffassung hatte den Gesetzgeber unter anderem die Weltwirtschaftskrise gebracht, die eine starke Verschuldung der Landwirtschaft herbeigeführt hatte[190]). Bedingt durch die seit dem verlorenen Weltkrieg stark angewachsenen nationalen Gefühle kam die stärkere Hervorhebung deutschrechtlicher Gedanken gegenüber den römischrechtlichen hinzu, welche für den landwirtschaftlichen Besitz wenn auch keine Natural-, so doch eine Wertteilung als notwendig erachteten. Beide Ursachen führten, wie Burghoff[191]) meint, zum konsequenten Umbruch durch Abschaffung der Abfindungen und Einführung von Versorgungsrechten.

Genau entgegengesetzt liegt die Festsetzung des Verkehrswertes als „Anrechnungswert" im Falle des geschlossenen Hofüberganges in Realteilungs- und Übergangsgebieten[192]). Denn der Verkehrswert ist durch die Berücksichtigung außerwirtschaftlicher Momente stets höher als der kapitalisierte (wirtschaftliche oder steuerliche) Reinertrag[193]) und vornehmlich heute stark überhöht[194]). Dem Hofübernehmer, der den Hof nicht als Spekulationsobjekt, sondern zur Weiterbewirtschaftung erhält, werden dabei Werte zugeschoben, die für ihn ertraglos sind[195]).

Es erhellt, daß beide Lösungen nicht geeignet sind, zu einem gerechten Ergebnis sowohl für den Anerben als auch für die weichenden Erben zu kommen.

Die Frage ist nun, wie man zu einem Anrechnungswert gelangt, der die berechtigten Forderungen beider Seiten erfüllt.

Die Überlegung führt dahin, daß die Wertschätzung eines Gegenstandes vornehmlich aus dem ihm innewohnenden Wert resultiert, wie ihn die von ihm zu erlangenden Erträgnisse anzeigen (Ertragswert). Der Anrechnungswert muß daher an den aus dem Hof zu erzielenden Reinertrag anknüpfen[196]).

---

[189]) Vgl. Wöhrmann (I) § 30 Anm. 1; auch Stahl a. a. O.

[190]) Die Ursachen der Verschuldung und ihn katastrophale Höhe, nämlich der zu hohe langfristige Kredit überhaupt, waren nicht voll gewürdigt worden.

[191]) S. 12ff.: Er unterscheidet dabei jedoch nicht scharf zwischen Abfindungen als Erbteilsersatz und Versorgungsrechten als Erbrechtsersatz, sondern sieht diese mehr als Naturalabfindungen an.

[192]) Vgl. Cramer S. 20ff.; Busch S. 52ff.; Grossmann S. 109, 125; Domino S. 31.

[193]) Vgl. Art. 618 Abs. 2 ZGB: Im Zweifel $^3/_4$ des Verkehrswertes; a. A. Rothkegel S. 26: Nach ihm pendelt der Verkehrswert um den Ertragswert.

[194]) Vgl. Steding S. 301; Heinrich RdL 1955/150.

[195]) Pauli S. 220.

[196]) Vgl. Guggenheim S. 17; v. Gunten S. 34ff.; Foag RdL 55/5; Erl. Reg. Entw. S. 23.

Allein die Bestimmung des Ertrages bereitet große Schwierigkeiten. Es kann nämlich der wirtschaftliche oder der steuerliche Reinertrag eines Hofes sein. Dieser wird nach bestimmten Gesichtspunkten — in neuerer Zeit nach den §§ 29ff. des Reichsbewertungsgesetzes v. 16. 10. 1934 (RGBl. I S. 1035) — mit einem objektiven System der Bewertungen von Gegebenheiten ermittelt: es wird festgestellt, welchen Reinertrag ein Betrieb unter bestimmten Verhältnissen bei ordnungsgemäßer, gemeinüblicher und mit entlohnten Arbeitskräften durchgeführter Bewirtschaftung im Durchschnitt der Jahre nachhaltig erbringen kann.

Der wirtschaftliche Reinertrag[197]) wird nach Schätzungen des erzielten oder erzielbaren Ertrages durch die Erben oder Dritte unter Berücksichtigung auch individueller Momente (denn auf die Gemeinüblichkeit ist verzichtet[198])) ermittelt. Dabei erfolgen die Schätzungen entweder frei oder nach gesetzlich festgelegten Regeln, wie sie auf Grund Art. 137 in Verbindung mit Art. 64 EGBGB aus dem alten Anerbenrecht und den einzelnen landesrechtlichen Bestimmungen zum BGB auch heute noch gelten[199]).

Es ist klar, daß beide Werte mehr oder weniger stark voneinander abweichen. Denn der steuerliche Reinertrag ist Ausdruck der festgelegten verhältnismäßigen, abstrakten Leistungsfähigkeit eines landwirtschaftlichen Betriebes zum Reichsspitzenbetrieb, dessen Ertragsfähigkeit je Flächeneinheit durch Gesetz festgesetzt wird (§ 36 Abs. 2 Bew. Ges.). Der wirtschaftliche Reinertrag dagegen ist Ausdruck der konkreten Ertragsfähigkeit eines Betriebes[200]).

Neben der Frage, ob der steuerliche oder der wirtschaftliche Reinertrag die Grundlage des Anrechnungswertes sein soll, ist der Kapitalisierungsfaktor von Bedeutung, mit dem der Reinertrag multipliziert werden muß, um den „Ertragswert" eines Hofes zu ermitteln.

Es bestehen dafür folgende Möglichkeiten:

a) Der steuerliche Reinertrag wird mit einem steuerlichen Faktor kapitalisiert, so daß man den steuerlichen Hofeswert erhält. Dieser nach dem Reichsbewertungsgesetz als *Einheitswert* (§ 31 Abs. 2 in Verbindung mit § 20 Bew.Ges.) bezeichnete Wert ist in der HO und im Niedersachsenentwurf als Anrechnungswert festgelegt[201]).

---

[197]) Rohertrag — (Sachaufwand + Arbeitsaufwand + Steuern + Abgaben) = Reinertrag.

[198]) Vgl. § 2049 Abs. 2 BGB, Ausnahme Sachsenentw. § 9 I.

[199]) Vgl. hierzu § 365 Mecklenburg-Schwerin, § 83 Preuß. Ausf.G. z. BGB, § 46 Lipp. Ausf. G. z. BGB, § 130 Hess. Ausf. G. z. BGB.

Vgl. Rothkegel S. 27ff.; Foag RdL 1955/5; auch Art. 18 der Schweiz. VO über die Verhütung der Überschuldung v. ldw. Liegenschaften vom 16. 11. 1945 und das eidgenössische Schätzungsreglement vom 28. 12. 1951.

[200]) Vgl. Heinrich RdL 1955/149.

[201]) Der Faktor beträgt 18; vgl. § 3a Abs. 2 Bew. DV vom 2. 2. 1935, RGBl. I S. 81; § 19 Abs. 2 HO, § 27 Abs. 1 Nieders. Entw.

b) Der Kapitalisierungsfaktor ist ein anderer als der steuerliche[202]). Damit wird erreicht, daß der zumeist zu niedrig angesetzte steuerliche Reinertrag, den man mangels einer brauchbaren Bestimmungsmöglichkeit des wirtschaftlichen Reinertrages benutzen mußte, nach Kapitalisation dem wirtschaftlichen Ertragswert des Hofes nahekommt.

c) Der wirtschaftliche Reinertrag wird mit einem an den allgemeinen Zinsfuß angelehnten, stets festen Faktor multipliziert[203]).

d) Der Kapitalisierungsfaktor ist vom jeweiligen Zinsfaktor abhängig[204]).

Die aufgezeigten Möglichkeiten führen zu zwei grundsätzlich verschiedenen Ertragswerten des Hofes:

dem steuerlichen Ertragswert des Hofes (zum Beispiel Einheitswert (a)),

dem tauschwirtschaftlichen [205]) Ertragswert des Hofes (b—d).

Von diesen beiden Ertragswerten muß derjenige als Anrechnungswert gewählt werden, der dem im Hofe steckenden Wert am nächsten kommt oder ihn sogar darstellt.

Der steuerliche Ertragswert ist ein fiktiver Wert. Dies wird besonders deutlich an dem 1935 festgesetzten Einheitswert[206]). Im Feststellungszeitpunkt des Einheitswertes war der ihm zugrunde gelegte steuerliche Reinertrag durchweg vergleichbar mit dem wirtschaftlichen Reinertrag. Doch der steuerliche Multiplikator war ein viel niedrigerer als der wirtschaftliche, der sich aus dem Zinsfuß ergab[207]). Daher lag der Einheitswert schon bei der Festsetzung hinter dem tauschwirtschaftlichen Ertragswert. Diese Lücke hat sich in den folgenden Jahren immer mehr erweitert, weil der Einheitswert starr auf seinem Stand von 1935 verblieb, während sich der tauschwirtschaftliche Ertragswert auf Grund der Veränderung von Reinertrag und Zinsfuß ständig (in steigender Richtung) veränderte. Die Einheitswerte der einzelnen Höfe geben heute schon nicht mehr eine Vergleichsgrundlage zum tauschwirtschaftlichen Ertragswert und zum Teil auch bereits nicht mehr das relative Wertverhältnis zwischen den einzelnen Höfen, Betriebssystemen und Betriebsgrößen richtig wieder[208]). Der Einheitswert erreicht heute weithin nicht einmal mehr den Wert des Besatzkapitals eines Hofes[209]). Vielmehr ist dieser ein Vielfaches des Einheitswertes[210]). Der erste „Grüne Bericht“ bewertete

[202]) Vgl. Fußn. 185.
[203]) Vgl. Fußn. 184.
[204]) So Oldenburg § 13.
[205]) Vgl. Rothkegel S. 26.
[206]) Die Neufestsetzung steht bevor; in der Zwischenzeit erfolgten nur Wertfortschreibungen.
[207]) Der steuerliche Faktor war 18, der wirtschaftliche 33; vgl. Rothkegel S. 40.
[208]) Geuting Agr. Wirts. 1956/105; Foag a. a. O.
[209]) D. i. Anlagekapital und Umlaufkapital (nicht auch Bodenkapital).
[210]) Geuting a. a. O. (Tabelle S. 108).

den Kapitalbesatz[211]) landwirtschaftlicher Betriebe zur Feststellung des Zinsanspruches so, daß er den Einheitswert als Hilfswert gebrauchte und mit Multiplikatoren rechnete. Diese waren abgestuft nach Betriebsgrößenklassen und Einheitswertgruppen; sie reichten zwischen 6,5 bei Betrieben von 5—10 ha LN und mit einem geringeren Einheitswert als 800 DM/ha und 2,0 bei Betrieben über 100 ha LN und einem höheren Einheitswert als 2400 DM/ha[212]).

Aus all dem wird deutlich, daß der Einheitswert nicht geeignet ist, Wertmaßstab zum Ausgleich privatrechtlicher Verhältnisse zu sein und somit nicht derjenige Anrechnungswert ist, der den weichenden Erben einen in etwa wertgleichen Anteil am Hof zukommen läßt[213]).

Anders verhält es sich mit dem tauschwirtschaftlichen Ertragswert, der aus der wirtschaftlichen Leistungsfähigkeit des Hofes resultiert und daher den im Hofe steckenden Wert mehr oder weniger genau widerspiegelt.

Der Grad der Genauigkeit hängt von der Ermittlung des tauschwirtschaftlichen Ertragswertes ab.

Der tauschwirtschaftliche Ertragswert ergibt sich wie der steuerliche Ertragswert aus den Faktoren Multiplikator und Reinertrag.

Der Kapitalisierungsfaktor kann konstant oder variabel sein..Die Anerbengesetze und die landesrechtlichen Ausführungsvorschriften zu §§ 1515, 2049 und 2312 BGB haben — bis auf Oldenburg und Hessen — einen festen Multiplikator aufgestellt, mit dessen Hilfe der Ertragswert zu errechnen ist. Das ist im Prinzip vertretbar in einer Zeit mit stabilen Wirtschafts- und Währungsverhältnissen, wie sie insbesondere vor dem 1. Welrkrieg bestanden. Anders ist es aber dann, wenn die Währung labil ist und der Diskontsatz — wie heute — zwischen 2,5 und 6% schwankt. Dann ist der tauschwirtschaftliche Ertragswert nicht mehr starr und kann es auch nicht sein. Denn sieht man den wirtschaftlichen Reinertrag einer landwirtschaftlichen Besitzung als den Zinsertrag eines Kapitalvermögens an, dann verändert sich der Ertragswert mit dem allgemeinen Zinssatz und dem ihm zugeordneten Multiplikator.

Darüber hinaus verändert sich der Ertragswert auch mit dem wirtschaftlichen Reinertrag. Daraus folgt, daß nur dieser, nicht aber der steuerliche Reinertrag Faktor des Ertragswertes sein kann.

Der wirkliche Ertragswert als Produkt von: Rohertrag abzüglich Aufwand, multipliziert mit dem Kapitalisierungsfaktor, sinkt nun, wenn die Agrarpreise sinken und (oder) der Betriebsaufwand und (oder) der Zinsfuß steigen. Er steigt dagegen, wenn die Agrarpreise steigen und (oder) der Betriebsaufwand und (oder) der Zinsfuß sinken.

Daher wird der Ertragswert, ermittelt aus einem variablen Reinertrag und einem starren Multiplikator, bei Veränderungen des Zinsfußes zu

[211]) D.i. Besatzkapital und Bodenkapital.

[212]) I. Grüner Bericht S. 81, vgl. Puvogel Agr. Wirts. 1956 S. 100.

[213]) Erl. Reg. Entw. S. 12.

einem fiktiven Wert, genau so wie der steuerliche Ertragswert. Dagegen spiegelt ein aus einem variablen Reinertrag und einem variablen Multiplikator resultierender tauschwirtschaftlicher Ertragswert[214]) die Leistungsfähigkeit des individuellen Betriebes in jedem beliebigen Zeitpunkt wider. Nur ein solcher Ertragswert wird den an ihn gestellten Anforderungen gerecht. Denn er gibt den weichenden Erben immer die dem wirtschaftlichen Wert des Betriebes entsprechende Abfindung. Auf der anderen Seite belastet er den Anerben nicht mit einer höheren Abfindung als sie sich aus dem Ertrag und dem Zinsfuß ergibt, den er unter Umständen für Abfindungskredite zahlen muß[215]).

Selbst in Krisenzeiten reguliert sich der variable Ertragswert automatisch, so daß im allgemeinen weder eine Überschuldung des Hofes noch eine Übervorteilung der weichenden Erben eintritt[216]). Hierbei können zwar Härten für den Anerben entstehen, wenn in Haussezeiten die Abfindungen fällig werden, aber bis zur Normalisierung noch nicht voll bezahlt oder die Abfindungskredite noch nicht zurückgezahlt sind. Die weichenden Erben können benachteiligt werden, wenn die Abfindungen in Depressionen fällig oder in Inflationen bezahlt werden. In diesen Ausnahmefällen dürfte aber ein Zurückgreifen auf die richterliche Vertragshilfe zu befriedigenden Ergebnissen führen[217]).

Der variable Ertragswert paßt sich aber nicht nur den Wirtschaftskrisen an, sondern auch den kleinen künstlichen Krisen, die aus bestimmten staatlichen Maßnahmen resultieren, wie zinsverbilligte Flüchtlingssiedlungs- und Erbabfindungskredite[218]). So sehr es auch erwünscht sein mag, den Agrarkredit zu verbilligen, so muß man doch die Auswirkungen bedenken: dieser Kredit schafft weder die Problematik der Abfindung aus der Welt noch hindert er die Verschuldung durch Abfindungen, weil der Ertragswert umgekehrt proportional zu dem niedrigen Zinssatz dieses Kredites steigt. Jener Kredit, der nur einigen Bewerbern um den Boden zukommt, treibt die Bodenpreise hoch und damit auch incidenter den Ertragswert, so daß der Ertragswert überproportioniert ist. Die daraus folgenden überhöhten Abfindungen werden bei den anderen Betrieben, die nicht in den Genuß des Kredites kommen, nicht mehr durch den Ertrag verzinst[219]). Aus diesen Gründen muß sich der Staat Zurückhaltung auferlegen, wenn der variable Ertragswert Anrechnungswert ist[220]).

---

214) Im folgenden „variabler Ertragswert" genannt.
215) Vgl. Kellen S. 75.
216) Vgl. Pauli S. 224.
217) Burghoff S. 12 sieht darin — zu Unrecht — die Preisgabe des Wertteilungsprinzips.
Vgl. hier Gesetz v. 18. 8. 1923 (RGBl. I S. 1815), Preuß. VO v. 8. 9. 1923 (G. S. S. 433).
218) Vgl. für Rheinl.-Pfalz RdL 1955/266 (Umschau 2).
219) Vgl. Steding S. 301.
220) Nicht richtig daher Rheinland-Pfalz §§ 12, 13.

Wenngleich auch der variable Ertragswert den Erfordernissen, die an den Anrechnungswert zu stellen sind, entspricht, so könnte dennoch die Anwendung des Einheitswertes notwendig sein. Denn bei Zugrundelegung des höheren tauschwirtschaftlichen Ertragswertes[221]) könnte der Hof dergestalt mit Abfindungsansprüchen belastet werden, daß er vom Anerben nicht mehr zu halten ist und ein Verkauf mit der Gefahr der Zersplitterung nötig wird.

Dieser Gesichtspunkt ist weithin angeführt worden[222]). Andere Meinungen sagen dagegen, daß sich der Anerbe günstig stehe, wenn schon anstatt des Verkehrswertes der tauschwirtschaftliche Ertragswert als Anrechnungswert diene, bei dem er gut bestehen könne[223]).

Die Meinung, der tauschwirtschaftliche Ertragswert als Anrechnungswert führe zur Überschuldung und Zersplitterung, findet keine Stütze.

Für die Frage der Verhinderung der Zersplitterung sei auf die einschlägigen gesetzgeberischen Möglichkeiten hingewiesen[224]).

Was die Überschuldung der Höfe im Erbgang angeht, so bedarf es mehr als des Hinweises auf die Verschuldung der Landwirtschaft überhaupt[225]). Zweifellos beruht ein Teil der Verschuldung auf Erbauseinandersetzungsverbindlichkeiten. Wie groß aber dieser Teil ist und ob er so gewichtig ist, daß er als Gegenmaßnahme die Festsetzung des Einheitswertes als Anrechnungswert rechtfertigt, steht offen. Zwar mag die aus dem Grundbuch ersichtliche Verschuldung überwiegend aus Abfindungen herrühren. Sie ist aber nur ein Teil der Gesamtverpflichtungen des Hofes. Der andere, größere Teil beruht heute auf Betriebsmittelkrediten und solchen für den privaten Bedarf und für die Abdeckung sonstiger Belastungen (Steuern usw.) des Eigentümers[226]).

In früherer Zeit, wo der landwirtschaftliche Betrieb eine mehr hauswirtschaftliche Ausrichtung hatte, war die Geldleihe fast ausschließlich für Erbgelder, mitunter auch für Steuern und anderes üblich und nötig, während Produktionsmittelkredite selten waren. Daher mußte sich die Lage der Betriebe bei Verwendung von Krediten nur zu unproduktiven Zwecken verschlechtern[227]). Heute liegen die Dinge anders. Je wirtschaftlicher die Landwirtschaft durch Rationalisierung und Mechani-

---

[221]) In welcher Form hier berechnet, spielt keine Rolle.

[222]) Vgl. Burghoff S. 12; Wöhrmann (II) S. 160.

[223]) Pauli S. 220; v. Gunten S. 41f.

[224]) Vgl. die früheren Dismembrationsgesetze und den Entwurf zum Grundstücksverkehrsgesetz; Ries Dt. Ldw. Presse 1954/151.

[225]) Vgl. Baumecker § 30 Anm. A I 1; Vogels § 30 Anm. I 1; Cramer S. 20.

[226]) Langfristige Verschuldung:

	1938/39	77%
(II. Grüner Bericht S. 50f.)	1954/55	49%
	1955/56	46%

[227]) Vgl. Priebe Agr. Wirts. 1957/6; Steding S. 301; Jessen S. 263; Winkelmann S. 3, 9 führt als Hauptgründe der Verschuldung das „gegenwärtige Steuersystem" und die allgemeine Wechselfähigkeit, Hofmeister S. 29f. die hohen Deichlasten an.

sierung arbeitet, um so größer wird ihre „gesunde“[228]) Verschuldung. Um so weiter wird aber auch die Überschuldungsgrenze hinausgeschoben. Der jährliche Reinertrag des Eigenkapitals, der zur Deckung der Zinsen für das (unproduktive) Fremdkapital zur Verfügung steht, ist nicht mehr Grenze der Überschuldung. Vielmehr liegt sie je nach der Intensitätssteigerung im Bodennutzungssystem und der Schnelligkeit des Kapitalumschlages bei einem Vielfachen von ihm. Verschuldung ist ja um so mehr ein Zeichen des wirtschaftlichen Fortschritts, je mehr sie aus Produktionsmittelkrediten folgt. Heute gibt es Intensivbetriebe, die zu zwei Drittel ihres Wertes verschuldet sind, in diesem Umfang also mit Fremdkapital arbeiten, und dennoch rentabel sind, während andere Betriebe eine Verschuldung von 10% nicht bewältigen können. Insgesamt ist die deutsche Landwirtschaft trotz einer Verschuldung von 8—9 Milliarden DM nur zu höchstens 10% ihrer Vermögensbilanz verschuldet, während die Industrie mit etwa 54% verschuldet ist[229]).

Für die Verschuldung mit unproduktiven Krediten bedeutet das, daß sie den Betrieb um so weniger belasten, je mehr Produktionsmittelkredite aufgenommen sind. Denn diese werfen ja so lange einen Gewinn ab, bis der Ertrag auf Grund des abnehmenden Bodenertragszuwachses von den Kosten eingeholt wird. Der Gewinn steht dann zur Verzinsung und Tilgung der unproduktiven Kredite zur Verfügung[230]).

Nun könnte allerdings darauf verwiesen werden, daß die Verschuldung der deutschen Landwirtschaft, die sie in der Weltwirtschaftskrise — wenn auch nicht gleichermaßen — hart traf[231]), zum großen Teil aus Erbgängen herrührte[232]). Die Ursachen, die damals zur Überschuldung führten, lagen generell in einer erheblichen Verschuldung der Landwirtschaft mit langfristigen Krediten. Ab 1925 hatten sich die landwirtschaftlichen Märkte konsolidiert, die Verpflichtungen Deutschlands aus dem Versailler Vertrag waren geändert worden (Dawes-Plan 1924), es herrschte allgemein Haussestimmung. Neuartige Landmaschinen und neue Anbautechniken lohnten ihren Einsatz. Die Landwirtschaft verdiente trotz sinkender Weizenpreise gut. Mit langfristigem billigem Geld wurde aus einer falschen Wirtschaftsprognose heraus investiert, ohne daß dies eine sichere Rendite versprach. Die Folge war, daß sich entsprechend hohe Ertragswerte ergaben bzw. Übernahmepreise vereinbart wurden. Als sich ab 1928 die Depression und damit deflatorische Tendenzen bemerkbar machten, wurde die Lage der Landwirtschaft schwierig. Denn die

---

[228]) Aufnahme von Produktivkrediten; seit der Währungsreform bis 1955/56 haben diese brutto 10,7 Mrd., netto 4 Mrd., betragen.

[229]) Vgl. Steding a. a. O. (301); s. II. Grüner Bericht S. 50.

[230]) Erkennbar aus dem Verhältnis von Zinslast zum Barumsatz in der deutschen Landwirtschaft (I. Grüner Bericht S. 64 f.): 1938/39 5,2% vom Barumsatz
1955/56 3,2% vom Barumsatz

[231]) v. Dietze (III) S. 141.

[232]) Vgl. Baumecker a. a. O.; Vogels a. a. O.

langfristige Verschuldung wird um so drückender, je tiefer die Preise sinken und je höher der Geldwert steigt[233]). Die Anrechnungswerte als ein starres Vielfaches des (sinkenden) wirtschaftlichen Reinertrages wurden, wie es übrigens auch mit dem Einheitswert geschehen wäre, nicht mehr den den Höfen innewohnenden wirtschaftlichen Werten gerecht.

Hieraus kann man nun nicht ableiten, daß der Ertragswert schlechthin zu hoch sei, als daß eine Überschuldung vermieden werden könne, daß vielmehr der Hof mit dem Einheitswert anzusetzen sei, weil er nur eine Verschuldung von $^7/_{10}$ des Einheitswertes tragen könne[234]). Rechnet man nämlich überschlägig die Verschuldung des Hofesvermögens bei einer Belastung von $^7/_{10}$ seines Einheitswertes, so kommt man bei Zugrundelegung der oben erwähnten Multiplikatoren des ersten „Grünen Berichts" zu einem Fremdkapitalanteil von 10—35%. Daraus erhellt, daß die $^7/_{10}$ Grenze, die auch als Grenze für die genehmigungsfreie dingliche Belastung gilt[235]), nicht eine Grenze für die gesunden, sondern eine Schutzregelung für die kranken Betriebe ist, die keine oder nur eine sehr geringe Grundrente ziehen. Denn für einen ordentlich bewirtschafteten Betrieb ist eine viel höhere Belastung tragbar.

Übrigens zeigt sich bei näherem Zusehen, daß diese Grenze vornehmlich für Belastungen mit Abfindungen gedacht ist. So kann zum Beispiel zur Sicherung von Aufbaudarlehen dann, wenn der Einheitswert keine geeignete Beleihungsgrundlage bildet, ein Taxwert (meist mehr als 180% des Einheitswertes) ermittelt und zu 90% beliehen werden[236]).

Der schweizerische Gesetzgeber hat immer den (variablen) Ertragswert als geeigneten, den Hof nicht überlastenden Anrechnungswert erachtet[237]). Neuerdings sieht er sogar Belastungen bis zum „Schätzungswert" als tragbar an. Nach Art. 6 des Bundesgesetzes über die Entschuldung landwirtschaftlicher Heimwesen vom 12. Dezember 1940 ist zur Vermeidung von Neuverschuldungen und zur Sanierung überschuldeter Heimwesen als die höchste Belastungsgrenze der Ertragswert zuzüglich einem allfälligen Zuschlag von 0—25% des Ertragswertes festgesetzt worden (Art. 84ff.). Der Zuschlag ergibt sich daraus, daß der Betrieb nicht nur als Träger ökonomischer Werte aufgefaßt wird, sondern auch als Träger soziologischer und sonstiger, außerbetrieblicher Werte, die zur Sicherung der Existenzbasis beitragen können. Diese Faktoren schlagen sich nicht im Ertragswert, wohl aber in der geistigen und wirt-

---

[233]) Vgl. Sering (II) S. 111.

[234]) Einheitswert abzüglich $^3/_{10}$ als Voraus (bei schuldenfreiem Hof); vgl. Wöhrmann (II) S. 168; Lange-Wulff Anm. 156, 244; Kahlke Schlesw.-H. Anzeigen 1954/80 (92). Erhebliche Mehrbelastung des Anerben mit Geldvermächtnissen durch den Erblasser sind wegen Ausschlusses der Erbfolge nichtig (§ 16 HO); vgl. Lange-Wulff Anm. 213.

[235]) KRG 45 Art. V.

[236]) Vgl. Ehrenforth RdL 1954/39.

[237]) Vgl. v. Gunten S. 41.

schaftlichen Lage der Familie und ihrer Erwerbsgrundlage nieder. Für den Durchschnittsbetrieb wird der Ertragswert auch der Schätzungswert sein. Können bei kranken Betrieben Zuschläge gemacht werden, so schöpfen sie die letzten Reserven der Existenzsicherung aus[238]).

Wenn sich auch der Schätzungswert als ein realer Wert darstellt, so kann zur Abfindungsbestimmung doch nur der Ertragswert, und zwar der variable Ertragswert, als Anrechnungswert in Frage kommen, weil er sich aus dem effektiven Ertrag als Grundlage der Betriebsexistenz ableitet[239]).

Als Ergebnis ist festzustellen, daß die Ansetzung des Hofes zur Erfüllung der Forderung nach Wertgleichheit nicht mit dem Einheitswert, sondern mit dem variablen Ertragswert als Anrechnungswert notwendig, aber auch ausreichend ist.

Was übrigens die Feststellung des Anrechnungswertes nach Brüder- und Schwestertaxe oder nach sonstigen Schätzungen, zum Beispiel „was der Hof tragen kann"[240]) angeht, so leiten sie sich alle letztlich, wenn auch unbedacht, aus einem variablen Reinertrag und einem variablen Multiplikator her. Daß niedrige Werte (also niedriger Reinertrag und niedriger Multiplikator) angenommen werden, ist ein freiwilliges Zugeständnis der weichenden Erben oder ein pflichtmäßiges Ermessen Dritter. Sie aber als gesetzliche Berechnungsart zu verankern, ist nicht gerechtfertigt.

Es fragt sich nun, wie sich von dem Anrechnungswert die Abfindung der Miterben errechnet.

Das Anerbenrecht könnte sich mit der Teilungsanordnung hinsichtlich des Hofes begnügen und die weiteren, zur vollständigen Auseinandersetzung einer Erbengemeinschaft notwendigen Maßnahmen den Regeln des allgemeinen Rechts unterstellt lassen. Das würde bedeuten, daß die gemeinschaftlichen Nachlaßverbindlichkeiten vor der Auseinandersetzung ohne Unterschied bezüglich der Hof- und der Allodteilmasse aus dem Gesamtnachlaß zu befriedigen wären (§ 2046 BGB).

Fast alle Anerbengesetze haben aber bestimmt, daß die Nachlaßverbindlichkeiten einschließlich der auf dem Hof ruhenden Hypotheken-, Grund- und Rentenschulden mit oder ohne[241]) den auf dem Hof ruhenden „sonstigen Lasten" zunächst aus dem Allod zu berichtigen seien. Die

---

[238]) Vgl. Neukamm Agr. Pol. Revue 1951/52 S. 37f.

[239]) Daß Zuschläge für besonders wertvolle Gebäude usw. gerechtfertigt und vorzunehmen sind, ist klar, denn sie geben den Betrieben einen besonderen, außerbetrieblich begründeten Wert hinzu, der dem Betrieb als Produktionsstätte selbst nicht innewohnt.

[240]) Vgl. Brugger S. 15f.

[241]) Vgl. Preuß. RentengutanerbenG. §§ 17, 18; Westfalen §§ 25, 16; Waldeck §§ 21, 22; Braunschweig §§ 12 Abs. 3, 13; Schaumburg-Lippe §§ 34ff.; SachsenEntw. §§ 9ff.; Hannover §§ 13, 14; Schaumburg §§ 14, 15.

nicht beglichenen Nachlaßverbindlichkeiten und die „sonstigen Lasten“[242]) seien von dem Anerben zu tragen und vom Anrechnungswert abzusetzen[243]).

Einer solchen Regelung bedarf es nicht, wenn die Abfindung mit der Auseinandersetzung fällig und kein Voraus gewährt wird. Denn der Vermögenswert, der jedem der Miterben im Zeitpunkt der Auseinandersetzung zusteht, bleibt gleich.

Anders ist es, wenn dem Anerben ein Voraus[244]) gewährt wird (oder der Anerbe nicht Miterbe ist) oder die Abfindung zu einem späteren Zeitpunkt als die Auseinandersetzung fällig wird. Hier ist eine Regelung zur Berechnung der Abfindung nötig, um dem Anerben die Vorzugsstellung zu erhalten. Für die weichenden Erben folgt daraus, daß ihre Ansprüche an den Nachlaß ungleichwertig werden.

Diese Folge darf aber nur dann eintreten, wenn sie noch mit dem Grundastz des gleichen Erbrechts vereinbar ist. So ergibt sich, daß Voraussetzung für eine solche Regelung die Grundgesetzmäßigkeit von Voraus und Fälligkeitsaufschub der Abfindungen ist[245]).

Der Voraus des Anerben ist nicht wie der Voraus des Ehegatten (§§ 1932ff. BGB) eine Nachlaßverbindlichkeit, sondern lediglich ein Verrechnungsposten[246]). Seine Höhe schwankt in den einzelnen Gesetzen zwischen $^1/_5$ und $^2/_3$ des Hofeswertes[247]), wobei die Ertragsbedingungen, die Zahl der Miterben und andere Gesichtspunkte Berücksichtigung finden[248]); mitunter ist ein Mindestbetrag des Hofeswertes bestimmt, der dem Anerben lastenfrei verbleiben muß[249])[250]).

Diese gesetzliche Regelung kann sich auf eine weitverbreitete Sitte stützen. Diese ist noch verschiedenartiger als die gesetzlichen Regelungen und mitunter so stark, daß sie diesen gegenüber vorgeht[251]). Andererseits ist es weithin Sitte, dem Anerben keinen besonderen Voraus zu

---

[242]) Z. B. Nießbrauch, Altenteillasten, Deich- und Siellasten, soweit sie nicht bereits bei der Feststellung des Ertragswertes berücksichtigt sind; vgl. Rothkegel S. 72.

[243]) Hannover § 14 (anders Westfalen § 26).

[244]) Dieserhalb haben wohl Hannover und Westfalen die Regelung eingeführt; HO auch, weil Anerbe ein Dritter sein kann.

[245]) Bezüglich der Grundgesetzwidrigkeit der Berufung eines Nichterben zum Anerben vgl. S. 35f.

[246]) Vgl. Günther S. 31.

[247]) 1/5: Westfalen § 26;
1/4: Bremen § 13; SachsenEntw. § 11;
1/3: Hannover § 15; Westfalen § 26 Abs. 2;
1/2: Preuß. Zwangsauflös.G. § 13;
2/3: Mecklenburg-Strelitz § 16.

[248]) Günther S. 32.

[249]) Baden § 10 Abs. 3 (1/5); Bayern Art. 14 (1/3); Lippe § 27 (4/10); Schaumburg § 21 (1/2).

[250]) Rheinland-Pfalz, ZGB, Kassel, Hessen (neu) kennen keinen Voraus.

[251]) Vgl. Jessen S. 273f.

gewähren, sondern von vornherein einen Anrechnungswert festzusetzen, der die Fortführung des Hofes durch den Anerben gewährleistet[252]).

Mit der Gewährung einer bestimmten Quote des Hofeswertes als Voraus erhalten die Miterben nun nicht mehr einen gleichen Teil von dem in Geld umgerechneten Hof, sondern der Anerbe erhält zu Lasten der weichenden Erben ein Mehr. Damit sind die weichenden Erben gegenüber dem Anerben ungleich behandelt.

Diese unterschiedliche Behandlung könnte bei Vorliegen zwingender Notwendigkeiten berechtigt sein.

Zur Begründung der Berechtigung des Voraus werden vornehmlich zwei Gesichtspunkte angeführt:

a) Die Belastung des Hofes würde auch bei einem niedrig gehaltenen Anrechnungswert durch die gleichmäßige Beteiligung aller Erben noch so stark sein, daß dem Anerben ein Halten des Hofes nicht möglich wäre.

b) Dem Anerben gebühre ein Vorzug, weil er die harte Arbeit des Bauern leisten müsse und stets dem Risiko einer schlechten Ernte ausgesetzt sei, während die abfindungsberechtigten Miterben mühelos ihre Kapitalabfindungen erhielten[253]).

Diese Begründung ist aber nicht stichhaltig.

Was die Überschuldung angeht, wurde oben bereits dargelegt, daß der gesunde Hof nicht unbedingt durch Erbgänge überschuldet wird. Ist es schon nicht nötig, daß der Hof anstatt mit seinem Ertragswert zum Beispiel mit dem Einheitswert in Ansatz gebracht werden muß, um so eine Überschuldung zu vermeiden, so ist es noch weniger erforderlich, daß der Anerbe darüber hinaus nochmals eine Quote von dem ermittelten Hofeswert bekommen muß, damit er den Hof halten kann. Denn wenn ein Anrechnungswert bereits aus dem Gesichtspunkt der Verschuldungsverhütung so festgesetzt wird, daß eine Überschuldung nicht eintritt (Ertragswert an Stelle des Verkehrswertes), dann bedarf es nicht noch einer Sicherung durch die Gewährung eines Voraus[254]).

Der zweite Gesichtspunkt ist zwar dann einleuchtend, wenn nur gefühlsmäßige Maßstäbe angelegt werden. Derlei Erwägungen führen aber nicht weiter. Freilich ist die Landarbeit hart und entsagungsvoll und wenig ertragreich, insbesondere dann, wenn staatliche Reglementierungen viele Bauern um den erzielbaren Gewinn ihrer Arbeit bringen[255]). Das berechtigt aber nicht dazu, dem Anerben auf Kosten der weichenden Erben ein Surrogat zu geben. Sicherlich können schlechte Ernten, ins-

---

[252]) Vgl. als Ausdruck der Anerbensitte die kantonalen Rechte der Schweiz (Voraus: Luzern § 391; Zug § 261 Abs. 4; kein Voraus: Niedwalden § 227); Guggenheim S. 129; Jessen S. 262, 273ff.; Pechan S. 19ff.; Brinkmann S. 502ff.; Fuchs S. 431, 463; Baumgartner S. 403f.; Pauli S. 210.

[253]) Bergmann S. 131; Lange-Wulff Anm. 156; Bücker S. 79.

[254]) Vgl. über die Fragwürdigkeit des Erfolges einer Bevorzugung des Anerben: Hofmeister S. 29f.

[255]) Vgl. auch Henrici RdL 1953/180ff.

besondere wenn sie durch einen weniger guten Anerben in den ersten Jahren nach der Hofübernahme nicht ausgeglichen werden konnten, zu prekären Situationen für den Hof führen. Das ist aber kein Grund, dem Anerben für das Wirtschaftsrisiko einen Geldpuffer vorweg zu geben. Wer im heutigen Wirtschaftsleben tätig wird, unterwirft sich den Gesetzen des (relativ) freien Marktes und seinen Konsequenzen. Er darf und wird die Vorteile, die dieses Wirtschaftssystem bietet, voll auszuschöpfen suchen. Er muß aber auch, wenn er einmal das „Spiel" mitmacht und es nicht vorzieht, außerhalb zu bleiben (hier also die Berufung zum Anerben auszuschlagen), die Nachteile tragen, ob er will oder nicht. Der eine Nachteil ist, daß jede wirtschaftliche Handlung ein gewisses Risiko enthält. Die Landwirtschaft hat nun ein nicht kleines Risiko zu tragen, weil zwischen „Saat und Ernte" ein großer Zeitraum liegt. Sie kann dieses Risiko jedoch durch Nutzung von Ausgleichsmöglichkeiten, die von betriebswirtschaftlichen und biologischen Notwendigkeiten her wiederum gefordert werden, in einem Umfang herabsetzen, wie es ein Unternehmen der gewerblichen Wirtschaft kaum kann. Kurz, ein landwirtschaftlicher Betrieb ist im Ergebnis keinem größeren (Bewirtschaftungs-)Risiko ausgesetzt als jedes andere Gewerbe[256]). Wie aber den Erben dieser Gewerbe gegenüber ihren Miterben keine Vorzugsstellung eingeräumt wird und eingeräumt zu werden braucht, so ist es auch keine zwingende Notwendigkeit, dem Anerben einen Voraus zuzubilligen.

Fehlt es aber an der Notwendigkeit eines Voraus, dann läßt sich eine unterschiedliche Behandlung des Anerben und der weichenden Erben nicht rechtfertigen. Im Ergebnis kann also der Anerbe einen Voraus nicht erhalten, weil eine solche gesetzliche Regelung gegen den Grundsatz des gleichen Erbrechts verstoßen würde und damit grundgesetzwidrig wäre (Art. 3, 14 GG).

Über die Unvereinbarkeit eines Voraus mit dem Grundgesetz war sich der Gesetzgeber bei der Rheinland-Pfälzischen HO im klaren und hat einen Voraus nicht vorgesehen. Ebensowenig kennt das ZGB gegenüber einigen kantonalen Gesetzen einen Voraus. In beiden Fällen hat der Gesetzgeber überlieferte Sitte und Voreingenommenheiten nicht für so stark gehalten, daß sie den Erfordernissen des gegenwärtigen und zukünftigen Rechtslebens ernstes Hindernis sein könnten.

Ist durch das Anerbenrecht die Auseinandersetzung bezüglich des Hofes auf einen bestimmten Zeitpunkt (zum Beispiel Erbfall) festgelegt, so müssen in diesem Zeitpunkt auch die Abfindungen fällig sein[257]).

---

[256]) Das Risiko unserer Landwirtschaft liegt in dem hohen Besatzkapital und der hohen Bodenrente; das wirkt sich für den Anerben aber nur wenig aus, weil er den Hof zum Ertragswert erhält und Eigentümer wird, daher auf die Grundrente weitgehend verzichten kann.

[257]) Vgl. Herminghausen RdL 1950/155; auch III. Anfrage RdL 1950/296; für Übergabevertrag siehe BGH RdL 1951/191; für das alte Anerbenrecht vgl. Wiegand, Paderborn I S. 140, III S. 40ff.; Spee S. 33, 47; Großmann S. 49.

Nun kann die sofortige Gesamtfälligkeit der Abfindungen, die vom Ertragswert und ohne Vorausabzug errechnet sind, zu starken Belastungen des Anerben führen. Das kann, wie oben dargelegt wurde, nicht dazu berechtigen, nun die Abfindungen generell oder im Einzelfall zu kürzen[258]) und dadurch eine Ungleichwertigkeit der Erbportionen herbeizuführen. Vielmehr sind die Möglichkeiten zu prüfen, die sich zur Milderung bestehender Belastungen anbieten.

Hierfür sind zwei grundsätzlich verschiedene Wege gegeben:

a) Die Hinausschiebung der Auseinandersetzung,

b) die Hinausschiebung der Fälligkeit der Abfindungen durch die Umwandlung des Abfindungskapitals in eine Rente oder durch Stundung des Kapitalbetrages.

Den ersteren Weg hat das ZGB Art. 622 eingeschlagen[259]), indem es dem Übernehmer das Recht einräumt, den Aufschub der Teilung „in Betreff des übernommenen Gewerbes" verlangen zu können, wenn die Abfindungsansprüche — gesetzliche oder letztwillig verfügte — den Anerben im Augenblick der Auseinandersetzung so beschweren würde, daß er zu deren Sicherstellung den Hof mit mehr als $^3/_4$ des Anrechnungswertes belasten müßte. Dann bilden die Miterben eine sogenannte Ertragsgemeinderschaft[260]). Die Leitung, Bewirtschaftung und Vertretung des landwirtschaftlichen Gewerbes liegt in den Händen des Übernehmers. Alle Miterben sind entsprechend ihrer Erbanteile am jährlichen Reingewinn beteiligt[261]).

Das Institut der Ertragsgemeinderschaft hat nicht den Anklang gefunden, den sich der Gesetzgeber erhofft hatte. Entweder lassen es die Miterben nicht zur Bildung einer Ertragsgemeinderschaft kommen, indem sie nämlich erst gar nicht die Auseinandersetzung begehren, sondern einfach zusammenbleiben und eine „fortgesetzte Erbengemeinschaft" bilden[262]) oder indem sie das landwirtschaftliche Gewerbe an den Übernehmer verpachten[263]). Überhaupt dürfte das Prinzip des Auseinandersetzungsaufschubes nicht das geeignete sein. Der Übernehmer bleibt bis zum Tage der Auseinandersetzung von der Erbengemeinschaft abhängig, auch wenn er allein wirtschaftet. Daher wird er es durchweg unterlassen, Investitionen von seinem eigenen Geld vorzunehmen, so daß die Leistungsfähigkeit des Hofes unausgeschöpft bleibt. Denn die Aufwärtsentwicklung des Hofes durch seine Tüchtigkeit käme den Miterben unverdient zugute, weil der Jetzt-Wert des Hofes, wie er sich am Tage der Auseinandersetzung ergibt, maßgebend ist.

---

[258]) Vgl. § 16 HO! Lange-Wulff Anm. 212 Nr. 4, 213 Nr. 5.

[259]) Ähnlich Tirol (alt) § 16, Kärnten § 11, Tschechoslowakei § 48; vgl. auch Meckl.-Schwerin §§ 371ff., Meckl.-Strelitz §§ 21ff.

[260]) Gegensatz: Wirtschaftsgemeinderschaft. Vgl. Guggenheim S. 142ff.; v. Gunten S. 36ff.; Pauli S. 217ff.

[261]) Vgl. Guggenheim S. 156; v. Gunten S. 46ff.

[262]) Entwickelt aus Art. 602ff. i. V. m. Art. 336ff. ZGB, 530ff., 552ff. OR.

[263]) Vgl. Moser S. 59ff., 113; v. Gunten S. 77f.

Der zweite Weg ist in seinen beiden Möglichkeiten von mehreren Gesetzen eingeschlagen worden[264]).

Diese Regelung erscheint zwar zur Erreichung des von ihr verfolgten Zieles sinnvoller und zweckmäßiger als die des ZGB. Aber ihre Vereinbarkeit mit dem Grundsatz des gleichen Erbrechts ist zweifelhaft. Daher fragt es sich, ob eine solche Regelung generell oder gegebenenfalls nur im Einzelfall notwendig und zulässig ist.

Eine generelle Regelung ist berechtigt, wenn man, wie Rodbertus[265]), davon ausgeht, daß Grund und Boden schlechthin ein Rentenfond ist, aus dem nie ein Kapital, sondern nur jährliche Erträge fließen können. Dann ist jede dingliche Obligation eine Rentenobligation. Rodbertus schloß daraus, daß insbesondere die Miterben nicht einen Anspruch auf ein ihren Erbquoten entsprechendes Kapital, sondern nur auf eine entsprechende Rente haben könnten. Diese Theorie ist heute als nicht richtig erkannt, und die gesetzgeberischen Lösungen, die auf ihr basierten[266]), sind ihrer theoretischen Grundlage beraubt.

Der richtige Grundgedanke in dieser Theorie ist allerdings, daß die Abfindungen letztlich nur aus den jährlichen Überschüssen gezahlt werden können, daß diese aber nie so groß sind, als daß der Anerbe aus ihnen den Abfindungsbetrag in einem Jahre auszahlen könnte[267]). Hieraus nun abzuleiten, daß der Anerbe nie zur unverzüglichen Auszahlung der Abfindungen in der Lage ist, ist nicht richtig. Denn man geht ja davon aus, daß die sofortige Fälligkeit der Abfindungen in jedem Falle zu einer Überlastung des Anerben führe, weil er einen Kapitalbetrag jetzt erstellen müsse, den er erst in den folgenden Jahren erwirtschaften könne. Richtig ist vielmehr, daß dem Anerben meist anderweitige Geldmittel als nur die jährlichen Erträge (vor allem sein Allodanteil und gegebenenfalls die Ausstattung des Ehegatten) zur Verfügung stehen, mit denen er die Abfindungen vorab bezahlen kann und es so zu keiner Überlastung kommt. Außerdem steht ihm die Möglichkeit offen, Darlehen aufzunehmen, wie er es auch tun muß, wenn er Güter anschafft, die den Wert des Ertrages eines Wirtschaftsjahres übersteigen. Eine Überlastung kann also nur eintreten, wenn einmal nicht ein so leistungsfähiger Miterbe Anerbe geworden ist. Nur in diesen Ausnahmefällen kann ein Fälligkeitsaufschub, der für die weichenden Erben ein großes wirtschaftliches Opfer bedeutet[268]), Berechtigung haben[269]).

---

[264]) a) Preuß. Rentengutanerbengesetz §§ 20, 21, Westfalen §§ 29ff. — b) Baden § 11, Schaumburg-Lippe § 41, SachsenEntw. § 13, Württemberg (alt) Art. 11.

[265]) II S. 72ff.

[266]) Vgl. Fußn. 264)a).

[267]) Vgl. Miaskowsky II S. 225ff.; Guggenheim S. 136.

[268]) Vgl. Finken S. 17; siehe auch SachsenEntw. § 13 Abs. 2.

[269]) Da in diesen Ausnahmefällen das Gericht den Zahlungsplan wird aufstellen müssen, wird es auch die Lastentragung regeln. Vgl. hierzu Rheinland-Pfalz § 21 Abs. 5.

Dieses hat auch der Regierungsentwurf (§ 12 Abs. 8) erkannt, indem er vorschlägt, daß auf Antrag die Abfindungen zu stunden sind. Dieser Regelung ist beizustimmen, soweit sie vorsieht, daß, wenn kein leistungsfähigerer und mehr Sicherheit bietender Miterbe da ist, dem Anerben auf seinen Antrag hin Stundung zu gewähren ist; Voraussetzung ist allerdings, daß er eine genügende Sicherheit leistet und die Stundung den weichenden Erben zumutbar ist. Nicht billig erscheint dagegen, einen Stundungsschutz schon deshalb nicht vorzusehen, weil der berufene Anerbe nicht der Familie angehört, aus der der Hof stammt. Denn aus dieser Regelung (falls sie überhaupt getroffen wird[270])) können für die abfindungsberechtigten Miterben erhebliche Nachteile erwachsen, während dem Hof andererseits nicht gedient ist.

Der Fälligkeitsaufschub im Ausnahmefall macht zwar die Erbansprüche der weichenden Erben ungleich. Da aber die Notwendigkeit die Ungleichbehandlung rechtfertigt, liegt in einer solchen Regelung kein Verstoß gegen Art. 14 GG.

Die Untersuchung führt nun zu dem Ergebnis, daß der Voraus und der generelle Fälligkeitsaufschub der Abfindungen eine Verletzung des Grundsatzes vom gleichen Erbrecht bedeuten und somit grundgesetzwidrig sind.

Damit entfallen aber auch die Voraussetzungen, die zur weiteren Auseinandersetzung durch einen Verteilungsplan für die Begleichung der Nachlaßverbindlichkeiten berechtigen. Da durch Teilungsvorschriften, wie sie in mehreren Gesetzen vorgesehen sind[271]), die Erbansprüche der weichenden Erben ungleichwertig würden, verstoßen sie gegen das Grundgesetz. Daher haben sie in künftigen Anerbengesetzen keinen Platz mehr.

Da der Anerbe den Hof anstatt zum Verkehrswert zum Ertragswert erhält, erhalten alle Miterben (Anerbe und weichende Erben) zwar einen gleichen Anteil am Hof als Wirtschaftsobjekt. Der Hof ist aber auch ein Verkehrsobjekt. Daher bekommt der Anerbe mit dessen Zuweisung den Verkehrswert als Vermögen, das sich nur um die Abfindungen nach dem Ertragswert vermindert. Für diese Besserstellung des Anerben in seinem Vermögen könnten Rechte der weichenden Erben neben ihren Abfindungsansprüchen berechtigt und notwendig sein.

Unmittelbar ergibt sich die Frage, welche Rechte den weichenden Erben für den Fall zustehen sollen, daß der Anerbe in den Genuß des Verkehrswertes des Hofes gelangt. Wie kann man es verhindern, daß der Anerbe den Hof, den er billig erhalten hat, zum Verkehrswert weiterveräußert und so zu Lasten der weichenden Erben in den Genuß des vollen Wertes des Hofes gelangt? Würde dem Anerben keine Bindung auferlegt, so wäre es für ihn stets verlockend, den ererbten Hof ersatzlos zu

---

[270]) Vgl. oben S. 28, 35.
[271]) Vgl. Fußn. 241.

verkaufen. Dies gilt um so mehr, je niedriger der Anrechnungswert und je höher der (eventuelle) Voraus ist. Aber selbst wenn er einen gleichwertigen Ersatzhof kaufen würde, erhielte er, sofern ihm ein Voraus gewährt wurde, dessen Wert als Gewinn.

Als Lösung bieten sich zwei Wege an, nämlich:

a) Dem Anerben wird generell verboten, den Hof innerhalb einer bestimmten Frist zu veräußern oder zweckzuentfremden,

b) den weichenden Erben wird das Recht gegenüber dem Anerben eingeräumt, verlangen zu können, daß bei Weiterveräußerung oder Zweckentfremdung des Hofes innerhalb einer bestimmten Frist der Anerbe entweder nur den Voraus zum Nachlaß einwirft oder sie, die weichenden Erben, so stellt, wie sie gestanden hätten, wenn bei dem Tod des Erblassers eine Auseinandersetzung nach den Regeln des allgemeinen Rechts stattgefunden hätte (Abfindungsergänzungsanspruch).

Von der ersteren Möglichkeit ist in den Anerbengesetzen, die der Universialsukzession folgen, kein Gebrauch gemacht worden. Das ist verständlich, weil eine solche Regelung das Eigentum am Hof so sehr beschränkt hätte, daß sie einer Enteignung gleichgekommen wäre.

Den zweiten Weg haben viele der älteren und neueren Anerbengesetze in verschiedenen Variationen eingeschlagen. So haben von den Gesetzen, die einen Voraus und den Ertragswert als Anrechnungswert vorsehen, Westfalen (§ 32) und Braunschweig (§ 19a) den Einwurf des Voraus bei Verkauf des ganzen Hofes oder Teilen von ihm an nichtanerbenberechtigte Verwandte bestimmt. Waldeck (§ 26), Hannover (§ 19) und Sachsenentwurf (§ 17) haben die gleiche Regelung; jedoch entsteht der Anspruch nicht, wenn innerhalb eines Jahres ein gleichwertiger Ersatzkauf erfolgt. Schaumburg-Lippe (§ 46) läßt neben dem Voraus noch einen gewissen Teil der Differenz zwischen dem Übernahme- und Verkaufswert zur Ausgleichung kommen, Oldenburg (§ 26a) und Niedersachsenentwurf (§ 13) dagegen die ganze Differenz. Der Regierungsentwurf (§ 13) sieht die gleiche Regelung vor, er kennt eine Ausgleichsfreiheit aber nur bei Übergabevertrag; die HO erkennt nur einen Zuerwerb von Teilen, nicht aber den Erwerb eines ganzen Hofes als ausgleichsfrei an. Das ZGB (Art. 619) und Rheinland-Pfalz (§ 26), die keinen Voraus kennen, sehen einen Ausgleichsanspruch auf die Wertdifferenz vor; bei dem ZGB ist allerdings Voraussetzung, daß der Ausgleichsanspruch bei der Teilung dinglich gesichert worden ist (Art. 619 in Verbindung mit 960 ZGB).

Aus all diesen Regelungen läßt sich nun nicht erkennen, welche Gesichtspunkte zu eben diesen Ausgestaltungen geführt haben.

Daher erhebt sich die Frage, wann ein Vorteilsausgleich überhaupt stattfinden kann.

Der Sinn des Vorteilsausgleichse ist, daß dem zu Lasten der weichenden Erben bevorzugten Anerben die Begünstigung genommen werden und den weichenden Erben zukommen soll, wenn er den Hof veräußert, ehe eine bestimmte Frist verstrichen ist. Ein finanzieller Vorteil des Anerben ergibt sich nun bei einer Veräußerung oder Zweckentfremdung

a) in Höhe des Voraus, wenn er den Hof zum (steuerlichen oder tauschwirtschaftlichen) Ertragswert und mit einem Voraus erhalten hat und wenn er einen gleichwertigen Ersatzhof gekauft hat;

b) in Höhe des Voraus und der Differenz zwischen Verkehrs- und Anrechnungswert, wenn er den Hof zum Ertragswert und mit einem Voraus erhalten und keinen gleichwertigen Ersatzhof gekauft hat;

c) in Höhe der Differenz zwischen Verkehrs- und Anrechnungswert, wenn er den Hof zum Ertragswert und ohne Voraus erhalten und keinen gleichwertigen Ersatzhof gekauft hat;

d) in Höhe von +— Null, wenn er den Hof zum Ertragswert und ohne Voraus erhalten und einen gleichwertigen Ersatzhof gekauft hat[272]).

Dieses Schema, an die oben behandelten Gesetze angelegt, ergibt, daß die HO, der Regierungsentwurf und der Niedersachsenentwurf, Oldenburg, Württemberg und Tirol (alt) für den Fall b), Westfalen für den Fall a) und das ZGB und Rheinland-Pfalz für den Fall c) konsequent, Hannover und Waldeck in den Fällen a) und b), Oldenburg, Tirol (alt), Württemberg und HO im Falle a), Westfalen im Falle b), ZGB und Rheinland-Pfalz im Fall d) inkonsequent sind.

Für den Fall nun, daß der variable Ertragswert Anrechnungswert ist und kein Voraus gewährt wird, kann ein Vorteil für den Anerben nur in dem Fall c) erwachsen. Für diesen Fall (und den Komplementärfall d)) muß daher eine entsprechende Regelung getroffen werden, die sinngemäß auch für die Abveräußerung und Zweckentfremdung von erheblichen Teilen des Hofes an Dritte außer in den Fällen des Übergabevertrages gelten muß[273]), [274]).

Der Anspruch auf Abfindungsergänzung allein bietet aber nicht die Gewähr, daß die weichenden Erben in den Genuß desjenigen Ausgleichsbetrages kommen, der ihnen aus der Veräußerung oder Entwidmung zusteht.

---

[272]) Dies gilt gleichermaßen bei Veräußerung von Hofesteilen. Wertsteigerungen aus Verbesserungen durch den Anerben bleiben außer Ansatz.

[273]) Vgl. Reg. Entw. § 13 Abs. 1; Erl. Reg. Entw. S. 27.

[274]) In den Fällen a) und d) trotz Erwerbs eines gleichwertigen Hofes einen Ausgleichsanspruch zu geben, wie es die HO für den Fall a) vorsieht, erscheint nicht richtig, da hier nur ein Austausch gleichartiger und gleichwertiger Wirtschaftsgüter vorliegt. Nach dieser Auffassung könnte sich zum Beispiel ein industrieverdrängter Bauer keinen gleichwertigen Hof mehr kaufen. Die Begründung, die Begünstigung des Anerben trete nur wegen dieses, nicht aber wegen irgendeines Hofes ein, dürfte, wie die alten Gesetze und neuerdings auch Reg. Ent. und NiedersachsenEntw. zeigen, eine zu starke Hervorhebung des Gedankens eines sippengebundenen Hofes sein. Vgl. Rötelmann DNotZ 1951/537; a. A. Lange-Wulff Anm. 171; Herminghausen DNotZ 1951/555.

Vielmehr bedarf es der Sicherung durch ein gesetzliches Vorkaufsrecht, wie es verschiedene Gesetze sofort[275]) oder später[276]) angeordnet haben. Denn nur so ist es dem Anerben benommen, Manipulationen insbesondere hinsichtlich des Kaufpreises vorzunehmen, die von den weichenden Erben nicht verhindert werden können. Eine solche Regelung fehlt leider sowohl in der HO und Rheinland-Pfalz als auch im Regierungsentwurf und Niedersachsenentwurf. Wenn man hier im Genehmigungsverfahren nach Art. IV KRG 45 in Verbindung mit Art. III, 5 VO 84 einen wirksamen Schutz annimmt, so kann dieser nicht als vollwirksam angesehen werden. Denn es können dabei nur die extremsten Fälle bei der Veräußerung, nicht aber die Gesetzesumgehungen in allen anderen Fällen ausgeschaltet werden. Daher ist trotz Weitergeltung obiger Vorschrift die Aufnahme eines Vorkaufsrechtes als Korrelat zum Abfindungsergänzungsanspruch in einem künftigen Gesetz dringend nötig.

Als mittelbarer Ausfluß des niedrigen Anrechnungswertes könnte die Berechtigung zur Gewährung von Versorgungsansprüchen an alle oder wenigstens an bestimmte Miterben gegen den Anerben bestehen.

Fast alle Anerbengesetze kannten solche Ansprüche. Für ihre Ausgestaltung fanden sich drei grundsätzlich verschiedene rechtliche Formen: Unterhaltsrechte

a) an Stelle von Abfindungen,

b) in Anrechnung auf Abfindungen (unechte Versorgungsansprüche),

c) neben Abfindungen (echte Versorgungsansprüche)[277]).

Versorgungsrechte in Gesetzen, die keine Abfindungen kannten (REG, BER), sind Erbrechtssurrogate; sie fließen also nicht aus dem konkreten Erbrecht und können aus der Sache heraus nicht Ergänzung von Abfindungen sein[278]). Diese Ansprüche müssen natürlich anderer Art sein als die innerhalb eines konkreten Erbrechts bestehenden Ansprüche (zum Beispiel § 1932 BGB). Sie lehnen sich als vermächtnisähnliche Ansprüche[279]) an familienrechtliche Unterhaltsansprüche an, denen sie rechtsähnlich sind[280]). Die Entstehung der Rechte ist daher auch nicht vom Erbrecht der Miterben, sondern nur von der abstrakten Erb- oder Pflichtteilsberechtigung als Zeichen der Verwandtschaft abhängig. Sie entstehen nicht ohne weiteres im Zeitpunkt des Erbfalles, sondern nur bei Eintritt bestimmter, in der Person des Erb- oder Pflichtteilsberechtigten liegender Voraussetzungen und sind in ihrer Höhe nicht von vorn-

---

275) Vgl. Westfalen § 33, Waldeck § 27, Braunschweig § 19b, SachsenEntw. § 17, Württemberg (alt) Art. 14.

276) Vgl. Art. 6 d. Schweiz. B. Ges. v. 12. 6. 1951.

277) Vgl. Günther S. 63f.

278) Vgl. S. 34.

279) Baumecker § 30 Anm. 8.

280) Sie sind nicht verzichtbar, abtretbar und pfändbar, vgl. Wöhrmann (I), § 30 Anm. 21.

herein bestimmt, sondern richten sich nach dem Bedürfnis des Berechtigten und der Leistungsfähigkeit des Hofes im Einzelfall. Das Erlöschen der Rechte tritt vornehmlich aus Gründen familienrechtlicher Art, aber — wegen der Hofgebundenheit der Ansprüche — auch dann ein, wenn die landwirtschaftliche Besitzung ihre Eigenschaft als Hof verliert oder in fremde Hände, das heißt an einen familienfremden Dritten, gelangt[281]). Die Rechte erstreckten sich zum Beispiel beim REG für die minderjährigen Abkömmlinge auf angemessenen Unterhalt auf dem Hof, für alle Abkömmlinge auf Berufsausbildung, Ausstattung und Aussteuer und auf ein Heimatzufluchtsrecht[282]), für den überlebenden Ehegatten auf ein Altenteil[283]).

In den Gesetzen, die Abfindungen kennen, sind die Versorgungsrechte Bestandteil eines konkreten Erbrechts; sie bestehen zusammen mit dem Recht auf Abfindung, entweder selbständig neben diesem oder in Anrechnung auf dieses und sind also wie die Abfindung erbrechtlicher Natur[284]).

Im einzelnen sind die Rechte so ausgestaltet:

Der Unterhalts- und Einsitzanspruch ist ein echter Versorgungsanspruch, ebenso wie das Nutzverwaltungsrecht. Er steht den Miterben bis zur Volljährigkeit[285]) oder bis zu einem anderen Termin[286]) oder über diese Zeit hinaus unbegrenzt (in besonderen Fällen)[287]) oder in Fällen der Not neuerdings (Heimatzufluchtsrecht oder als Altenteil[288])) zu.

Die Rechte auf Ausbildung, Ausstattung und Aussteuer sind unechte Versorgungsansprüche; denn sie sind, wenn die Voraussetzungen ihrer Fälligkeit vorliegen, nur in Höhe der Abfindung und in Anrechnung auf diese zu leisten.

Alle Ansprüche sind davon abhängig, daß noch ein Abfindungsanspruch besteht.

Allein diese zuletzt behandelten (erbrechtlichen) Versorgungsrechte sind hier auf ihre Berechtigung und Notwendigkeit zum Ausgleich der Abfindungsansprüche der weichenden Erben zu untersuchen.

Zweifel an der Berechtigung der Versorgungsrechte könnten deshalb bestehen, weil die weichenden Erben mit diesen Ansprüchen — jedenfalls mit den „echten" — an dem Vermögenswert des Hofes und nicht nur an

---

[281]) Vgl. Bode S. 13; Bosch (I) S. 67ff.; Burghoff S. 25; Eberhardt DJZ 1933/1280; Wöhrmann JW 1933/2813; Zimmer DNotZ 1933/398; v. Zwehl a. a. O.

[282]) Dieses Recht bestand auch für die Eltern (§ 30 III REG).

[283]) § 31 REG; vgl. auch § 17 BER.

[284]) Ersichtlich daraus, daß sie nicht unverzichtbar sind: vgl. Lange-Wulff Anm. 191.

[285]) Vgl. SachsenEntw. § 14, Württemberg (alt) § 12, Hannover § 18, Kassel § 22.

[286]) Vgl. Schauburg-Lippe § 44, Waldeck § 24.

[287]) Vgl. Waldeck § 25, Schaumburg-Lippe § 24, Rheinland-Pfalz § 24 (jedenfalls Einsitz); Kassel § 22.

[288]) Das Altenteil und das Nutzverwaltungsrecht sollen im einzelnen erst unten behandelt werden.

dem Ertragswert partizipieren. Denn da mit dem Erbfall in den vermögensrechtlichen Beziehungen zwischen den Miterben klare Grenzen geschaffen werden, ist jeder Miterbe (vorausgesetzt, man geht vom variablen Ertragswert und ohne Abzug eines Voraus aus) mit gleichem Anteil am Hof als Wirtschaftsobjekt beteiligt. Der einzelne weichende Erbe erhält in seinem Anteil den gleichen wirtschaftlichen Wert wie der Anerbe und muß sich an sich damit zufrieden geben. Daher sind Versorgungsleistungen, gleichviel ob sie auf oder aus dem Hof zu leisten sind, eigentlich nicht nötig.

Auch ist die Gewährung solcher Ansprüche eine Abweichung von dem Grundsatz, daß an die Stelle des Hofes sein Wert und an die Stelle des Anteils am Hofe ein Geldanspruch gegen den Anerben tritt; denn werden Naturalleistungen aus dem Hof an die Miterben getätigt (zum Beispiel Landausstattung für eine Siedlerstelle), so sind sie letztlich doch eine gewisse Quote des Hofes als solchem.

Dennoch erscheinen die Versorgungsrechte neben Abfindungen auch bei wertgleichen Abfindungen in einem gewissen Rahmen berechtigt. Sie geben den weichenden Erben nämlich einen Ausgleich für den „Verzicht", den sie durch die Anrechnung des Hofes zum Ertragswert an Stelle des Verkehrswertes leisten. Darüber hinaus ist es auch vernünftig, solche Rechte in einem bestimmten Rahmen zu gewähren. Denn sie bringen letztlich beiden Teilen ein Mehr als die ausschließlich geldliche Auseinandersetzung der Miterben, nämlich den weichenden Erben zusätzliche Vorteile, dem Anerben eine Milderung der Abfindungsbelastung.

So erhalten die weichenden Erben bei den echten Versorgungsrechten Anspruch auf einen Unterhalt, wie sie ihn aus ihrer Abfindung nicht erhalten könnten; denn diese Rechte bestehen in voller Höhe, solange der weichende Erbe noch einen Abfindungsanspruch hat. Dem Anerben können dafür die Leistung und die Verzinsung der Abfindung bis zum Erlöschen der Rechte gestundet oder ganz erlassen werden[289]). Außerdem hat er gegen die weichenden Erben (bis auf den Altenteiler) einen Anspruch auf angemessene Arbeitshilfe.

Auch die unechten Versorgungsrechte bringen den Beteiligten Vorteile, wenn sie auch mit der Abfindung verrechnet werden; denn der weichende Erbe erhält die Ausstattung und Aussteuer, jedenfalls soweit es sich um Bestandteile und Erzeugnisse des Hofes handelt, zu einem billigen Preis. Dies erfolgt um so eher, als der Anerbe selbst daran interessiert ist, daß der weichende Erbe Ausstattung und Aussteuer verlangt, weil er damit die ihm schwerer fallende *Geld*abfindung durch *Natural*abfindung ersetzen kann. Der Ausbildungsanspruch bringt dem weichenden Erben den Vorteil, daß er diesen, solange er minderjährig ist, neben dem Unterhaltsanspruch verlangen kann; der Anerbe hat andererseits

---

[289]) Vgl. z. B. Waldeck § 25 Abs. 2 und 3, 24 Abs. 1, Hessen (neu) § 22 Abs. 3, Schaumburg-Lippe § 44.

die Erleichterung, anstatt einer einmaligen großen Summe mehrere kleine leisten zu können.

Es ist nun die Frage, in welchem Rahmen die Versorgungsrechte zu gewähren sind, um den Interessen der weichenden Erben und des Anerben gerecht zu werden.

Relativ einfach ist die Beantwortung für die unechten Versorgungsrechte. Da sie nur eine Zahlungsart der Abfindung in Leistungen aus dem Hof sind, spielt es bei deren Fälligkeit keine Rolle, welcher Miterbe und in welchem Umfang und wann er sie verlangt.

Fraglich ist es nur, wie die Regelung aussehen muß, wenn die Abfindung noch nicht fällig ist. Mit der Leistung der Versorgungsansprüche vor der Fälligkeit der Abfindungen würden die weichenden Erben eine Befriedigung aus dem Nachlaß erhalten, auf die sie noch keinen Anspruch haben. Bedenkt man aber, daß ein Fälligkeitsaufschub der Abfindung in bestimmten Fällen zugunsten des Anerben eintritt, dann muß man die Belange des Anerben zurückstellen, wenn der weichende Erbe zur Begründung und zum Ausbau seiner Existenz des notwendigen Eigentums aus der Erbschaft dringend bedarf[290]) und die notwendigen Mittel nicht von Dritten verlangen oder aus eigenem Vermögen nehmen kann[291]).

Sehr viel schwieriger ist es, für die echten Versorgungsrechte den rechten Rahmen in bezug auf die begünstigten Personen und auf die Art der Rechte abzustecken, weil diese Ansprüche auf dem Hof zu erfüllen sind[292]). Welchem der Miterben solche Rechte einzuräumen sind, hängt davon ab, wie weit dem Anerben die Aufnahme von Miterben auf dem Hof und in seine Familie zuzumuten ist. Die Grenze der Zumutbarkeit ist in den einzelnen Zeitabschnitten verschieden und obendrein vom Einzelfall abhängig. Doch haben sich Linien abgezeichnet, die die Entwicklung der Einstellung der Menschen zu dieser Frage aufzeigen.

Als die Familie noch ein starkes zusammenhaltendes Band war, war es Sitte, nicht allein den minderjährigen Miterben Unterhalt und Einsitz bis zu ihrer Verselbständigung zu geben. Auch den übrigen Miterben stand kraft Gewohnheit das Recht auf Verbleiben und auf Rückkehr gegen Stundung oder Aufgabe ihrer Rechte gegen den Hof zu. Das fand entsprechenden Niederschlag in den älteren Höfegesetzen[293]). Nachdem sich die Großfamilie immer mehr zur Kleinfamilie fortentwickelte, weil dem einzelnen die Unterordnung unter die Familienbelange immer schwieriger wurde, mußten die Rechte der Miterben, die deren neuerliches Eindringen in die abgekapselte Kleinfamilie des Anerben erlaubten

---

[290]) Vgl. Häring S. 1200.

[291]) Vgl. HO § 12 Abs. 6, Waldeck § 24 Abs. 3, SachsenEntw. § 14 Abs. 1.

[292]) Das Nutzverwaltungs- und Altenteilsrecht des überlebenden Ehegatten bleibt außer Betracht und wird unten behandelt.

[293]) Vgl. Waldeck § 24, 25, Schaumburg-Lippe § 44, Lippe § 35; vgl. Burghoff S. 15ff.

(so das Heimatzufluchtsrecht) immer stärker als unzumutbar erscheinen[294]). So haben die neueren Höfegesetze insgesamt ein Heimatzufluchtsrecht nicht vorgesehen[295]).

Aber auch das Verbleiben auf dem Hofe nach einem bestimmten Termin wird immer mehr eingeschränkt. So geben nur noch Schaumburg-Lippe (§ 44 Abs. 1), Waldeck (§ 25 Abs. 1) und Kassel (§ 22 Abs. 3) gebrechlichen Miterben ein Recht auf Verbleiben bis zu ihrem Tode[296]). Durchweg ist der Kreis der Berechtigten auf die Minderjährigen beschränkt, deren Rechte mehr oder weniger spät erlöschen[297]). Die Bestrebungen gehen überhaupt dahin, nicht mehr alle Miterben versorgungsberechtigt sein zu lassen[298]), sondern nur soweit sie Geschwister des Anerben[299]) und (oder) Abkömmlinge des Erblassers sind[300]), [301]).

Der Umfang der Leistungen aus den Ansprüchen wird dagegen erweitert. Während neben der angemessenen Mitarbeit und der Stundung der Fälligkeit der Abfindung Waldeck (§ 24), Hannover (§ 18), Kassel (§ 22) und Schaumburg-Lippe (§ 44) keine Verzinsung der Abfindung vorsehen, gibt Sachsenentwurf (§ 14) einen Zinsanspruch, soweit die Zinsen die Unterhaltskosten übersteigen, und Württemberg vom 16. Lebensjahr des weichenden Erben an einen Zins- und Lohnanspruch überhaupt. Rheinland-Pfalz (§ 24 Abs. 3) gibt den weichenden Erben unter Umständen sogar dann noch einen Unterhaltsanspruch, wenn die Abfindung bereits ausgezahlt ist.

Zieht man die Lehre aus dieser Entwicklung, so wird man bei der Gestaltung der Unterhaltsansprüche der Auflockerung der Familienbande und der Verkommerzialisierung der Beziehungen innerhalb der Verwandtschaft Rechnung tragen müssen. Einmal wird nur einem sehr engen Kreis von Verwandten, die mit dem Erblasser einerseits und dem Anerben andererseits noch einen natürlichen engen Kontakt haben, die Versorgung auf dem Hofe zugebilligt werden können. Das sind nur die minderjährigen Abkömmlinge des Erblassers, die gleichzeitig die Ge-

---

[294]) Daher findet sich das Heimatzufluchtsrecht nur noch beschränkt als Gewohnheitsrecht und kraft ausdrücklicher Vereinbarung: Vgl. für Österreich Bode S. 10; für Norwegen Bode S. 10; Frost IV S. 368; vgl. Burghoff S. 14f., Fuchs S. 462.

[295]) Vgl. SachsenEntw., Württemberg, HO, Reg. Entw., Nieders.Entwurf.

[296]) Rhld.-Pfalz § 24 Abs. 1: Einsitz auch ohne Bedingung.

[297]) Siehe Westfalen: 21 Jahre, Schaumburg-Lippe: 15 Jahre, Waldeck, Rhld.-Pfalz: 25 Jahre. Auch hier tritt Gewohnheitsrecht und Vereinbarung der Miterben in den Vordergrund: vgl. Stockmann S. 435.

[298]) Waldeck § 24, Hannover § 17, Kassel § 22, Schaumburg-Lippe § 44, Sachsen-Entw. § 14, Württemberg Art. 12.

[299]) Westfalen § 35.

[300]) HO § 12 Abs. 7, Reg. Entw. § 12 Abs. 5, Nieders.Entw. § 12 Abs. 4. Rhld.-Pfalz § 24.

[301]) Diese Lockerung wirkt sich langsam auch auf das Altenteilsrecht aus und wird beschleunigt werden, wenn der schon alte Gedanke der Versorgungskassen für Altbauern verwirklicht wird: Vgl. Brentano (II) S. 297, Buchenberger S. 120, Hase JW 34/389, Abel Agr. W. 56/193.

schwister oder Abkömmlinge des Anerben sind. Die Rechte müssen bei vollständiger Auszahlung der Abfindung, spätestens bei Volljährigkeit der Berechtigten erlöschen. Zur gesetzlichen Festlegung eines Unterhaltsanspruches für die Zeit nach der Volljährigkeit und eines Heimatzufluchtsrechtes fehlt das genügend starke Rechtsbewußtsein. Zum anderen muß der Versorgungsanspruch aber weiterhin ein Vorteil für die weichenden Erben bleiben. Daher darf er nur so lange bestehen, als der weichende Erbe ihn benutzen will[302]). Wird der Anspruch nicht oder nicht mehr geltend gemacht, muß die Stundung der Abfindung (wegen Minderjährigkeit des weichenden Erben) beendet werden[303]). Es geht nicht an, die Fälligkeit der Abfindung generell auf die Vollendung etwa des 21. Lebensjahres hinauszuschieben und dem Minderjährigen gleichsam als Ersatz für Zinsen und vorenthaltenes Kapital den Versorgungsanspruch zu geben. Das würde die Umkehrung des Zweckes und Zieles der echten Versorgungsrechte sein. Der Anerbe muß auch verpflichtet sein, die Verzinsung der Abfindung soweit vorzunehmen, als die Zinsen die Kosten des Versorgungsrechts übersteigen. Die Arbeit des weichenden Erben ist zu entlohnen, soweit sie über das Maß einer angemessenen Hilfeleistung hinausgeht. Weiter darf der Anerbe nicht seinerseits den Versorgungsanspruch dadurch aufheben, daß er die Abfindung dem weichenden Erben leistet.

Der Umstand, daß heute nur noch wenigen Miterben echte Versorgungsrechte zuerkannt werden können, macht die wertmäßige Gleichstellung aller Miterben durch eine genügende Abfindung mehr als früher nötig, weil eine generelle Kompensation ungenügender Abfindungen durch echte Versorgungsrechte nicht mehr möglich ist.

Einer besonderen Regelung bedarf die Rechtsstellung des überlebenden Ehegatten. Das Anerbenrecht greift bei der Zuweisung des Hofes an einen der übrigen Miterben in einem starken Maße in den unmittelbaren Lebensbereich des überlebenden Ehegatten ein. Bei der gesetzlichen Auseinandersetzung hinsichtlich des Hofes wird ihm sein bisheriger Lebensbereich sogar genommen. Mit den gewährten verhältnismäßig geringen Abfindungen sind jedoch die Bedürfnisse des überlebenden Ehegatten bis zu seinem Tode nicht sichergestellt, wie dies bei der Abfindung, die nach dem Verkehrswert berechnet ist, der Fall wäre. Daher müssen Mittel und Wege zur Erreichung eines gerechten Ausgleiches angestrebt werden, die anders und weitergehend sein müssen als die den übrigen weichenden Erben gewährten Versorgungsansprüche.

Dieses Anliegen findet für das Familienrecht seinen grundsätzlichen Niederschlag in § 1371 Abs. 1 BGB[304]), der bestimmt, daß sich an Stelle eines Zugewinnausgleiches und ohne Rücksicht auf einen erzielten Zu-

[302]) Als erbrechtl. Anspruch ist er ja verzichtbar.

[303]) So Kassel (§ 22), Schaumb.-Lippe (§ 44): Heirat, Verlassen des Hofes.

[304]) In der Fassung des Gleichberechtigungsgesetzes vom 18. 6. 1957 (BGBl. I S. 609).

gewinn des verstorbenen Ehegatten der Erbteil des überlebenden Ehegatten um ein Viertel der Erbschaft erhöht, wenn mit dem Tode des einen Ehegatten der gesetzliche Güterstand sein Ende gefunden hatte[305]).

Durch diese Regelung ist insbesondere der überlebende Ehegatte im Geltungsbereich der Höfeordnung besser gestellt und in den Stand versetzt worden, unter Umständen außerhalb des Hofes allein aus seinem Erbteil seinen Lebensunterhalt bestreiten zu können.

Neben dem familienrechtlichen Anspruch des überlebenden Ehegatten auf einen erhöhten Erbteil ist seine Besserstellung durch besondere erbrechtliche Versorgungs- und Nutznießungsrechte möglich, wie sie bereits in fast allen Höfegesetzen festgelegt waren bzw. sind, und zwar durch ein Nutzverwaltungsrecht (oder Nießbrauchsrecht) am Hofe und durch ein Altenteilsrecht auf dem Hofe[306]), [307]).

Das Nutzverwaltungsrecht steht nach diesen Gesetzen dem überlebenden Ehegatten dann zu, wenn ein Abkömmling des Erblassers Anerbe geworden ist und noch nicht das 25. Lebensjahr[308]) vollendet hat. Hat der überlebende Ehegatte die elterliche Gewalt, dann tritt für diese Zeit das Nutzverwaltungsrecht hinter dem elterlichen Nutzverwaltungsrecht zurück. Der überlebende Ehegatte kann den Hof ähnlich den Eltern oder dem Nießbraucher nutzen. Die Regeln hierüber finden analoge Anwendung[309]). Er ist jedoch nicht elterlicher Nutzverwalter oder Nießbraucher, sondern Berechtigter auf Grund eines dem Anerbenrecht eigentümlichen erbrechtlichen Anspruches[310]).

---

[305]) Mit dieser Regelung ist der Gesetzgeber alten, u. a. von Knur (Deutscher Notartag 1952 S. 43ff.) und Heinrichs (RdL 1954 S. 116ff.) wieder aufgegriffenen Gedanken gefolgt. Er hat damit Einwände rechtsdogmatischer Art, wie sie in den Erläuterungen zum II. Familienrechtsentwurf (S. 37ff.) vorgetragen worden sind und in den §§ 1371ff. des II. Familienrechtsentwurfs ihren Niederschlag gefunden haben (vgl. Ulmer NJW 1958 S. 170), zugunsten einer praktikablen Lösung des Interessenausgleichs zurücktreten lassen, was freilich nicht die gerechteste Lösung bedeutet. Nicht gefolgt ist er aber zu Recht den Vorstellungen Henricis (RdL 1953 S. 180), daß jeder Zugewinnausgleich, auch wohl als Erbteilserhöhung, hinsichtlich aller Bauerhöfe grundsätzlich abzulehnen sei, weil einmal der Hof eine solche zusätzliche Belastung nicht tragen könne, andererseits der überlebende Ehegatte wegen der Versorgung auf dem Hofe des Zugewinns nicht bedürfe.

[306]) Ausnahme z. B. Kassel, Hessen (neu), Oldenburg, Lauenburg.

[307]) Vgl. Bergmann S. 87, 109, 122, 134; Frinken S. 52ff.; Frühbuß S. 25ff.; Günther S. 71ff.; Nickol MDR 1947 S. 145; Hollje MDR 1947 S. 283; Schulte DNotZ 1953 S. 355.

[308]) Reg. Entw., Nieders. Entw. § 14: 28. Lebensjahr. — Vgl. Schaumburg-Lippe § 48: ggfs. lebenslang.

[309]) Vgl. Frühbuß S. 41ff.; Günther S. 72f.; a. M. Lange-Wulff Anm. 188. Vgl. auch Fischer S. 1348 Anm. 2, I, III.

[310]) Vergleichbar mit dem Personenkreis des § 1969 BGB, jedenfalls dann, wenn der überlebende Ehegatte auch als Pflichtteilsberechtigter ein Nutzverwaltungsrecht hat. Anders zwar § 59 Abs. 3 LVO; hier aber mit Recht, weil es sich um Umwandlungen erbhofrechtlicher Ansprüche handelt, die ja keine Erb-, sondern Erbrechtssurrogatsansprüche waren.

Das Altenteilsrecht[311]) steht dem überlebenden Ehegatten darüber hinaus auch dann zu, wenn er nur sonstiger Miterbe oder Pflichtteilsberechtigter ist, und gibt ihm gegen den Anerben einen Anspruch auf standesgemäßen Unterhalt auf dem Hofe[312]).

Die Bedingungen der Entstehung und der Beendigung beider Rechte sind verschieden.

Einige Gesetze bestimmen, daß der überlebende Ehegatte zur Erlangung der Rechte die Erbschaft (oder die Abfindung) ausschlagen und auf die Herausgabe desjenigen, was aus seinem Vermögen in dem Hof verwendet ist, verzichten muß[313]). Andere wiederum kennen eine solche Ausschlagungs- und Verzichtspflicht nicht[314]) oder nur hinsichtlich der Altenteilserlangung[315]). Die Rechte erlöschen nach den meisten Gesetzen, wenn sich der überlebende Ehegatte wieder verheiratet. Einige lassen das Nutzverwaltungsrecht davon unberührt[316]), andere auch das Altenteil[317]). Endet ein Recht, so steht dem überlebenden Ehegatten immer ein Ausgleichsanspruch zu, der allerdings in den Fällen, in denen der überlebende Ehegatte die Erbschaft (oder Abfindung) hatte ausschlagen und auf Verwendungsansprüche hatte verzichten müssen, nicht höher sein darf, als der Wert der Erbschaft und der Verwendung betragen hat.

Der Sinn dieser besonderen Rechte des überlebenden Ehegatten ist, die Härten der anerbenrechtlichen gesetzlichen Teilungsanordnung für ihn zu mildern. Das Nutzverwaltungsrecht erlaubt dem überlebenden Ehegatten die Aufrechterhaltung und Fortführung seines Lebens im bisherigen Bereich, wie wenn der Erbfall nicht eingetreten wäre. Das Altenteilsrecht bringt zwar Veränderungen, aber nicht die Aufhebung des Lebensbereiches des überlebenden Ehegatten mit sich; der überlebende Ehegatte verbleibt auf dem Hofe, auf dem er bereits eine mehr oder weniger lange Zeit gelebt hat. Insoweit sind beide Rechte im Prinzip von Vorteil für den überlebenden Ehegatten.

Die Frage ist nun, ob das Nutzverwaltungs- und Altenteilsrecht in den einzelnen Gesetzen vorteilhaft für den überlebenden Ehegatten ausgestaltet ist.

---

[311]) Über die Rechtsnatur vgl. Frühbuß S. 71ff.

[312]) Über den Umfang vgl. Preuß. Ausf. Ges. v. 20. 9. 1899 Art. 15, Wald. Ausf.-Ges. v. 11. 12. 1899, Art. 12, Thür. AVO zum BGB v. 16. 5. 1923, § 44, Anhalt. Ausf.-Ges. zum BGB Art. 28, §§ 8, 9, Meckl. Schwerin Kammerzirkular v. 11. 5. 1872, vgl. Frühbuß S. 66; Seraphim S. 120; v. Dietze (II) S. 236; OLG Celle RdL 1950/305, OGH RdL 1950/206, OLG Schleswig RdL 1954/103, Schaumburg-Lippe § 48 Abs. 5 und Württemberg (alt) Art. 13 verweisen auf das vertragliche Altenteil.

[313]) Waldeck § 20, Schaumburg-Lippe § 48, Hannover § 12; vgl. auch Westfalen § 36, das nur ein Altenteil kennt und den Einwurf des ganzen Vermögens verlangt.

[314]) SachsenEntw. § 15, Württemberg (alt) Art. 13; hier sind die Rechte vollkommene, „echte" Versorgungsansprüche.

[315]) HO § 14, Reg. Entw., NiedersachsenEntw. § 14, die während des Nutzverwaltungsrechtes sämtliche Ansprüche des überlebenden Ehegatten stunden.

[316]) So HO und NiedersachsenEntw.

[317]) Reg. Entw.

Das hängt vornehmlich davon ab, ob, und wenn ja, wie weit der überlebende Ehegatte zur Erlangung dieser Rechte zugunsten des Anerben auf andere Rechte verzichten muß, damit die Ansprüche für den Anerben tragbar bleiben, und welche Rechte ihm zustehen, wenn jene Ansprüche erlöschen.

Die vorteilhafteste Lösung für den überlebenden Ehegatten hatten der Sachsenentwurf und Württemberg (alt), die diese Ansprüche als echte Versorgungsrechte gestaltet hatten.

Das ist zwar theoretisch durchaus richtig, denn die Ansprüche sind ihrem Wesen nach echte Versorgungsansprüche, die unabhängig von der Abfindung (und dem Pflichtteil) und dessen Höhe existieren und ohne Ausschlagung der Abfindung und Verzicht auf Pflichtteil, Verwendungsansprüche usw. entstehen und ohne Ersatzanspruch[318]) enden[319]). Jedoch ist zu bedenken, daß das Nutzverwaltungs- und Altenteilsrecht allein bereits die Bedürfnisse des überlebenden Ehegatten voll zu befriedigen imstande sind. Dem überlebenden Ehegatten neben diesen beiden selbständigen erbrechtlichen Ansprüchen auch noch den auf Abfindung in vollem Umfang zu geben, ist nicht gerechtfertigt; dazu ist der Wert des Nutzverwaltungs- und Altenteilsrechts zu groß und würde den Anerben unangemessen belasten.

Daher ist in den Gesetzen, die eine e n g e Verbindung zwischen den beiden Rechten haben[320]), zu Recht festgelegt worden, daß der überlebende Ehegatte zur Erlangung dieser Rechte zumindest auf die Abfindung verzichten muß. Die Gesetze dagegen, die das Nutzverwaltungsrecht und das Altenteil nur l o s e hintereinanderstellen[321]), können zur Erlangung der Nutzverwaltung nicht den Verzicht auf die Abfindung verlangen, weil dieses Recht nur ein mehr oder weniger kurz befristetes ist. Angemessen ist vielmehr, die gesamten Ansprüche des überlebenden Ehegatten für die Zeit der Rechtsausübung zu stunden, ohne aber bei Fälligwerden den Wert der Nutznießung von der Ausgleichsforderung abzuziehen[322]). Zur Erlangung des Altenteils kann dagegen der Verzicht auf die Abfindung unbedenklich festgelegt werden, weil der Altenteilsanspruch im allgemeinen erst mit dem Tode des überlebenden Ehegatten erlischt.

Fraglich ist es aber, ob insbesondere hinsichtlich des Altenteils über den Verzicht auf die Abfindung hinaus auch ein Verzicht auf die Ansprüche aus der Verwendung eigenen Vermögens für den Hof nötig und angemessen ist.

---

[318]) Anders die zitierten Gesetze.

[319]) Vgl. für Schlesien Bechtel S. 165.

[320]) Vgl. Waldeck § 20, Schaumburg-Lippe § 48, Hannover § 12.

[321]) Vgl. HO § 14 Abs. 1, 3, Reg. Entw., NiedersachsenEntw. § 14 Abs. 1 und 2, bei denen der Kreis der Nutzverwaltungs- und der der Altenteilsberechtigten verschieden ist.

[322]) Anders Reg. Entw. § 14 Abs. 1 S. 3, der die Nutzverwaltung damit praktisch in einen unechten Versorgungsanspruch umwandelt.

Die Abwägung über die Notwendigkeit ist eine Saldierung der Abfindung zuzüglich der Ansprüche aus Verwendungen des überlebenden Ehegatten usw. und der Aufwendungen für das Altenteil. Die Aufwendungen für das Altenteil sind nach Durchschnittssätzen relativ leicht zu ermitteln; sie betragen den Wert der tatsächlichen Jahreskosten[323]) multipliziert mit der mittleren Lebenserwartung des überlebenden Ehegatten[324]), [325]). Die Verwendungsansprüche stehen fest. Die Abfindung besteht in $^1/_2$ des Hofeswertes.

Eine rechnerische Diskrepanz muß sich ergeben, wenn, wie bei der HO, die Abfindung nach steuerlichen Werten errechnet und noch um den Vorausanteil vermindert wird, während das Altenteil das tatsächliche bleibt[326]). Setzt man den Abfindungswert nach HO mit etwa 30% des Wertes ein, den der weichende Erbe bei Zugrundelegung des variablen Ertragswertes ohne Abzug eines Voraus erhalten würde, dann besteht schon ein Mißverhältnis zwischen Abfindung und Altenteil von 1 : 3; der Anerbe gibt — rechnerisch — also dreimal soviel für das Altenteil aus wie er an Abfindung für den überlebenden Ehegatten erspart, während er tatsächlich den vollen Wert des Altenteils durch den Verzicht des überlebenden Ehegatten auf die Abfindung erhält.

Um dieses Mißverhältnis zu beseitigen, hat der Gesetzgeber bei der HO, von seinem Standpunkt aus zu Recht, den Verzicht des überlebenden Ehegatten auf seine Verwendungsansprüche als nötig und angemessen erachtet[327]). Damit ist aber das Altenteil, das im Anerbenrecht zum Vorteil des überlebenden Ehegatten vorgesehen war, zum Nachteil für ihn umgewandelt. Der überlebende Ehegatte verliert bei der Wahl des Altenteils nicht nur seine Verwendungs- und Abfindungsansprüche, sondern ist durch die fehlsame Festsetzung des Anrechnungswertes geradezu gezwungen, das Altenteil unter Verzicht auf diese Ansprüche zu wählen, um überhaupt noch versorgt zu sein. Der Anerbe dagegen erhält einen Vorteil, der in ungerechtfertigtem Maße zu Lasten des überlebenden Ehegatten geht.

Neben anderen Momenten empfiehlt Hansen[328]) aus dieser Situation heraus, zugunsten des überlebenden Ehegatten den Hof nach Möglichkeit nicht der HO zu unterstellen. Reinicke[329]) regt an, den den über-

---

[323]) Sie müßten als „angemessener" Unterhalt und Einsitz $^1/_2$ des wirtschaftlichen Reinertrages betragen, werden diese Höhe aber selten erreichen; vgl. v. Mendel S. 48 (20—25% des Reinertrages).

[324]) Sie beträgt bei einem 25jährigen überlebenden Ehegatten etwa 25 Jahre, ist also dem durchschnittlichen Kapitalisierungsfaktor gleich.

[325]) Die von Wöhrmann (II) S. 168f. und Fischer S. 1351, Anm. 9, vorgeschlagene Kapitalisierung ist hier nicht verwendbar.

[326]) Die Lasten des Altenteils sind für den Anerben reale Ausgaben, nicht fiktive Werte.

[327]) Dieses gilt gleichermaßen für die Gesetze, die zwar den tauschwirtschaftlichen Ertragswert ansetzen, aber einen Voraus gewähren.

[328]) a. a. O. (S. 814).

[329]) a. a. O. (S. 556).

lebenden Ehegatten benachteiligenden Normalfall in der HO, das Alleineigentum am Hofe, zugunsten des Ausnahmefalles, des Ehegattenhofes, auszuschalten.

Setzt man aber an Stelle des Einheitswertes als Anrechnungswert den variablen Ertragswert an und zieht keinen Voraus ab, dann stehen sich Altenteilslasten und die Abfindung des überlebenden Ehegatten als Vermögenskomplexe gleichwertig gegenüber. Denn bei Zugrundelegung des wirtschaftlichen Reinertrages und eines variablen Multiplikators für Altenteil und Abfindung decken sich im Durchschnitt die Aufwendungen für beide Leistungen. Einer Überstellung der Verwendungsansprüche von dem überlebenden Ehegatten auf den Anerben bedarf es dann nicht.

Der überlebende Ehegatte hat nun eine wirkliche Wahlmöglichkeit zwischen Altenteil und Abfindung, während der Anerbe immerhin die Aussicht hat, eine beträchtliche Last, wie sie die Abfindung des überlebenden Ehegatten sicherlich darstellt, nicht in bar, sondern im ganzen unbar aus den laufenden Erträgnissen des Hofes begleichen zu können.

Man könnte nun daran denken, nicht nur dem überlebenden Ehegatten, sondern auch dem Anerben ein Wahlrecht zwischen Gewährung von Abfindung und Altenteil zu geben. Ein solches Recht kann dem Anerben aber nicht eingeräumt werden, weil es wesensnotwendig mit dem Altenteil verbunden ist und nur für denjenigen bestehen kann, zu dessen Gunsten das Altenteil vorgesehen ist.

Wenn der überlebende Ehegatte zur Erlangung des Altenteils auf seine Abfindung (und gegebenenfalls auf Verwendungsansprüche usw.) hat verzichten müssen, dann müssen ihm in Falle einer Beendigung dieses Rechtes aus einem gesetzlichen Grund (zum Beispiel Heirat) andere Rechte erwachsen, die den Altenteiler schadlos zu stellen geeignet sind[330]).

Das kann nur ein Geldanspruch sein[331]).

Die Rechtsnatur dieses Anspruches ist nicht die gleiche wie die der (anerbenrechtlichen) Abfindung, auf die der überlebende Ehegatte zur Erlangung des Altenteils verzichtet hat (wie auch das Altenteil nicht eine Abfindung in anderer Form ist), sondern ein gesetzlicher Ersatzanspruch für das entzogene Altenteilsrecht.

Was seinen Zweck angeht, so hat er nicht die Aufgabe, die dem Altenteil zugewiesen ist, nämlich Sicherstellung der Lebensbedürfnisse des überlebenden Ehegatten bis zu seinem Tode. Vielmehr soll er lediglich billiger Ersatz für einen Rechtsverlust sein, wie auch die Abfindung billiger Ersatz für den Erbteilsverlust sein soll.

---

[330]) Dieses gilt auch für den Fall, daß Nutzverwaltungsrecht und Altenteilsrecht eng verbunden sind; vgl. Fußn. 320.

[331]) Nicht zu verwechseln mit Geldansprüchen, die für Naturalleistungen des Altenteils bezahlt werden; vgl. hierzu AG Wilster Schlesw. H. Anz. 1952/158.

Die Höhe des Anspruches ergibt sich aus dem jährlichen (wirtschaftlichen) Wert des Altenteils multipliziert mit der voraussichtlichen Lebensdauer des überlebenden Ehegatten.

Diese Berechnungsart scheint auch dann richtig zu sein, wenn in dem Gesetz allgemein anstatt tauschwirtschaftlicher Werte die steuerlichen für die Berechnung der Abfindungen verwendet werden; denn die Abfindung und der Anspruch aus dem verlorenen Altenteil sind ja nicht vergleichbar. Dennoch ist diese Berechnungsart nicht richtig. Denn wird, wie in der HO, als Wertmaßstab schlechthin der steuerliche Ertragswert genommen, dann müssen dessen Faktoren auch zur Errechnung des Geldanspruches für den Verlust des Altenteils dienen. Die jährlichen Kosten des Altenteils sind also mit steuerlichen Werten anzusetzen und mit einem steuerlichen Multiplikator zu kapitalisieren[332]). Dies ist auch billig, weil nach der anderen Berechnungsart der heiratende Altenteiler stets relativ mehr erhalten würde als seine Abfindung und die sonstigen Ansprüche betragen haben[333]). Die HO ist nicht folgerichtig, wenn sie die Höhe des Anspruches nach dem tauschwirtschaftlichen Wert des Altenteils multipliziert mit der tatsächlichen Lebenserwartung des überlebenden Ehegatten festsetzt.

Die Höhe des Anspruches darf im übrigen nicht auf den Betrag begrenzt werden, den die Ansprüche hatten, auf die der überlebende Ehegatte bei der Wahl des Altenteils hat verzichten müssen; denn damit wird der Vorteil des Altenteils als echter Versorgungsanspruch unter Umständen aufgehoben. Eine Begrenzung ist auch gar nicht nötig, wenn der variable Ertragswert zugrunde gelegt und kein Voraus gewährt wird. Da nämlich der Umfang des Altenteils in einem Abhängigkeitsverhältnis zum wirtschaftlichen Reinertrag des Hofes steht[334]), müßte die Lebenserwartung des Altenteilers den wirtschaftlichen Kapitalisierungsfaktor übersteigen, um größer zu sein als die Abfindung, auf die verzichtet wurde. Das ist aber so gut wie nie der Fall[335]).

V. Die Sicherung der Rechte der weichenden Erben

Die im Vorstehenden abgehandelten Rechte, die den weichenden Erben gegenüber dem Anerben zustehen, sind — im Gegensatz zu den dinglichen Versorgungsansprüchen des REG[336]) — schuldrechtlicher Natur[337]).

Bezüglich der Sicherheit ist dies nur von geringer Bedeutung für die Abfindungen, die mit dem Erbfall fällig werden und sofort realisiert werden können.

---

[332]) Wie ihn z. B. Wöhrmann a. a. O. vorsieht (Fußn. 325).
[333]) Vgl. a. M. Schlesw. H. OLG, Schlesw. H. Anz. 1853/74.
[334]) Vgl. Fußn. 323.
[335]) Siehe Fußn. 324.
[336]) Vgl. statt vieler Wöhrmann JW 1935/3194, (II) S. 163, Kap. III, 3.
[337]) Ausnahme vgl. Braunschweig § 11 Abs. 3.

Anders steht es mit den Ansprüchen der weichenden Erben, die später fällig werden (zum Beispiel Abfindung der minderjährigen weichenden Erben) oder fällig werden können (zum Beispiel Erbteilsergänzungsanspruch) oder sukzessiv fällig werden (zum Beispiel Rentenabfindung, Nutzverwaltungs- und Altenteilsrecht, Unterhaltsrecht). Diese Ansprüche sind ohne Sicherung stark gefährdet[338]). Daher bestimmten viele Gesetze in mehr oder weniger umfassender Form die Sicherung der Ansprüche durch dingliche Belastung des Hofes, wie es auch schon weit verbreitete Sitte war[339]). So ordneten einige Gesetze die dingliche Sicherung der Abfindungen, des Erbteilsergänzungsanspruchs, des Unterhalts-, Nießbrauchs-, Altenteils- und des Vorkaufsrechtes[340]), andere nur die Sicherung des Unterhalts- und (oder) Altenteilsrechtes und (oder) der Abfindungen an[341]). Die HO sieht nun eine dingliche Sicherung nur für die noch nicht fällige Abfindung des minderjährigen weichenden Erben auf Antrag vor[342]). Eine Sicherung der übrigen Ansprüche von Gesetzes wegen hat der Gesetzgeber nicht für notwendig gehalten; einer dahingehenden Vereinbarung der Erben steht allerdings im Prinzip nichts entgegen.

Eine fehlende gesetzliche Sicherungsmöglichkeit der Ansprüche der weichenden Erben ist aber dann unbefriedigend, wenn — wie in der HO — das Anerbenrecht als dinglich wirkende Teilungsanordnung hinsichtlich des Hofes gestaltet ist. Denn die weichenden Erben sind nicht, wie beim Damnationsprälegat, in der Lage, den Eigentumserwerb des Anerben am Hofe von der Eintragung ihrer Ansprüche in das Grundbuch abhängig zu machen. Dieser Zustand ist um so unbefriedigender, als kein durchschlagender Grund ersichtlich ist, weshalb den weichenden Erben die dingliche Sicherung ihrer Ansprüche versagt werden müßte. Die durch den Erbfall für den Hof und den Anerben entstandenen Verpflichtungen bestehen; mögen auch bei fehlender Eintragung der Ansprüche der weichenden Erben dem Realkredit bereitere Buchstellen zur Verfügung stehen, so steigert das allein noch keineswegs die Kreditwürdigkeit des Anerben.

Da also die dingliche Sicherung der Ansprüche der weichenden Erben notwendig und durchführbar ist, fragt es sich, wie die Sicherung zu gestalten ist.

Zwei Wege bieten sich hierfür an:

Im Falle des Vindikationsprälegats ist den weichenden Erben kraft Gesetzes der Anspruch auf dingliche Sicherung ihrer Rechte zu geben;

[338]) Vgl. Günther S. 53.

[339]) Vgl. z. B. Anhalt. Ausf.Ges. zum BGB Art. 28 § 1, Opitz S. 202, Jessen S. 262, 279.

[340]) Vgl. Westfalen § 37, Schaumburg-Lippe § 49.

[341]) Vgl. Hannover §§ 17, 12 i. V. m. Art. 15 § 1 Preuß. Ausf. Ges. zum BGB; Rentengutsanerbenges. § 20 Abs. 5, Mecklenb.-Schwerin §§ 368/369, Tirol (alt) § 21 Abs. 4, 5, ZBG Art. 837, Oldenburg § 22, Waldeck § 20 Abs. 2 i. V. m. Art. 12 § 1 Waldeck-Pyrmont. Ausf. Ges. zum BGB.

[342]) § 12 Abs. 5; vgl. Reg. Entw. § 12 Abs. 4, Niedersachsen Entw. § 12.

im Falle des Damnationsprälegats ist es den weichenden Erben anheimzustellen, die Zuweisung des Hofes an den Anerben von der Sicherstellung ihrer Rechte abhängig zu machen.

Die Frage der Sicherung ist also primär eine Frage des Systems der Teilungsanordnung[343]).

Für das Damnationsprälegat spricht, daß die Ansprüche der weichenden Erben in einer ganz individuellen Form dinglich gesichert werden können, so wie es der Übereinkunft der Parteien entspricht. Dagegen spricht, daß die weichenden Erben die dingliche Sicherung ihrer Rechte nur bis zur Einwilligung in die Umschreibung des Hofes auf den Anerben wirksam verlangen können. Tun sie das nicht, weil besondere Gründe sie davon abgehalten oder weil sie keine Obacht gegeben haben, so vermögen sie es nicht nachzuholen[344]).

Beim Vindikationsprälegat besteht der Nachteil, daß die weichenden Erben eine dingliche Sicherung ihrer Rechte stets in der gesetzlich vorgeschriebenen Form erhalten, es sei denn, daß die Erben eine vertragliche Regelung treffen. Der Vorteil besteht aber darin, daß die weichenden Erben jederzeit, auch nach Umschreibung des Hofes auf den Anerben, ihre Ansprüche, wie sie sich aus dem Gesetz ergeben, eintragen lassen können, ohne dabei auf eine vertragliche Vereinbarung mit dem Anerben hinsichtlich der Sicherung wie auch hinsichtlich der Art und der Höhe der Ansprüche angewiesen zu sein[345]). Dieser Vorteil erscheint so groß, daß die Bedenken gegen die dingliche Teilungsanordnung, welche aus der prinzipiellen Ablehnung eines nicht unbedingt notwendigen Zwanges im Anerbenrecht folgen, nicht durchgreifend sind.

Erhalten die weichenden Erben also das Recht auf dingliche Sicherung ihrer Ansprüche, so können sie zum Beispiel den Unterhaltsanspruch als Reallast, das Altenteil als Reallast und beschränkt persönliche Dienstbarkeit und den Erbteilsergänzungsanspruch als Sicherungshypothek[346]) an bereitester Stelle eintragen lassen.

VI. Die Haftung der weichenden Erben für die Nachlaßverbindlichkeiten

Neben der Frage, welche Rechte den Erben, insbesondere den weichenden Erben an dem Nachlaß des bäuerlichen Erblassers zustehen, ist die Frage der Haftung für die Nachlaßverbindlichkeiten von Wichtigkeit.

---

[343]) Vgl. hierzu allgemein: Günther S. 6ff.

[344]) So Art. 619 ZGB für den Erbteilsergänzungsanspruch.

[345]) Die Zustimmung der weichenden Erben in die Berichtigung des Grundbuches und der Vollstreckungsschutz bis zur Berichtigung, wie es von Westfalen § 22, Bremen § 21, Rentengutanerbenges. § 14 angeordnet war, ist lediglich eine zusätzliche Sicherung der weichenden Erben. Vgl. auch Mecklenbg.-Strelitz § 19, Günther S. 12.

[346]) Vgl. Westfalen § 37, Baden § 24, Johannsen Schlesw. H. Anz. 1953/21.

Gemäß § 2058 BGB haften die Erben für die gemeinschaftlichen Nachlaßverbindlichkeiten gesamtschuldnerisch; jeder einzelne Erbe haftet darüber hinaus für die ihn allein treffenden Nachlaßverbindlichkeiten.

Die Frage, welche Schulden von den weichenden Erben und welche von dem Anerben zu tragen sind, ist dann, wenn das Anerbengesetz dem System der Spezialsukzession folgt, einfach zu lösen: Der Erbe eines jeden Sondernachlasses haftet für die Schulden, die auf diesen Nachlaß fallen. Das wird besonders deutlich im Recht der Familienfideikommisse[347]): Der Nachlaß des Erblassers besteht aus dem Fideikommißvermögen und dem Allodialvermögen. Mit jenem Vermögen haftet der Besitzer nur für die Fideikommißschulden (Stamm- und Fruchtschulden), mit diesem haftet er (als Erbe) für die Allodialschulden[348]).

Auch das REG, das in seiner Grundkonzeption das Prinzip der Spezialsukzession in den Hof vertrat, hätte die scharfe Trennung zwischen der Haftung für Hofes- und für Allodschulden vornehmen müssen. Denn auch hier war die Fragestellung nicht mehr „Wer schuldet" (wie im allgemeinen Recht), sondern „Was schuldet".

Diese Trennung hat das REG zunächst zuungunsten der weichenden Erben nicht getroffen. Zwar hielt man Erbhof und Hofschulden einerseits und Allod und die übrigen Schulden andererseits für getrennte Nachlaßkomplexe, erachtete aber das Allod auch für die Hofesschulden verhaftet, weil die Verbindung des Allodkomplexes zu dem Hofkomplex nicht ganz abgebrochen sei; „wie im Ganzen die Erbfolge nach einem Bauern durchaus uneinheitlich ist, so auch hier: auf der einen Seite sind die Hofschulden Passivbestandteile des Erbhofvermögens, andererseits belasten sie gleichzeitig auch die Allodmasse"[349]). Später sah sich der Gesetzgeber unter dem Druck des sich ständig verschlechternden Agrarkredits[350]) veranlaßt, eine gesamtschuldnerische Haftung auch des Anerben für alle Nachlaßverbindlichkeiten festzusetzen (§ 14 EHRV). Die Rechtfertigung wurde in unbefriedigender Weise aus dem REG selbst hergeleitet. So erachtet Jancke[351]) § 19 REG und § 14 EHRV für miteinander vereinbar, weil der Hof nur hinsichtlich der gesetzlichen Erbfolge und der Erbteilung ein besonderer Teil des Vermögens sei, nicht aber auch hinsichtlich der Haftung; es sei also nicht nötig, die Schulden in Hof- und Allodschulden zu teilen; sie blieben Schulden des Gesamtnachlasses aus Hof und Allod. Auch Bode[352]) hält nur für die Aktiven

---

[347]) Vgl. auch bei Lehen, Haus- und Stammgütern.

[348]) Vgl. Klässel JW 1927/747. — Die einzige Schwierigkeit ist die Zuteilung der Schulden, was durch Familienratsbeschluß geschieht (Bode S. 35ff.).

[349]) Bosch (I) S. 48f., 50ff.; vgl. Mecklenbg.-Schwerin §§ 380 Abs. 3 i. V. m. 289, 279, die die weichenden Erben für Hofschulden subsidiär mit Vorausklage haften lassen (Domino S. 55).

[350]) Vgl. auch Dölle § 66 I; Vogels DJ 1937/37 Nr. 7; a. M. Hachenburg DJZ 1933/1346; Saure DJ 1934/951; DJ 1936/82; Kleinschmidt DJZ 1935/1157.

[351]) S. 11ff.

[352]) S. 33ff.

eine Spezialsukzession für gegeben, nicht aber auch für die Passiven. Diese seien zunächst ohne Unterschied aus dem Allod, dann von dem Anerben aus dem Hof zu berichtigen. Die Sondererbfolge in einen gegenständlich bestimmten Teil der Erbschaft unter gesamtschuldnerischer, unbeschränkter und unmittelbarer Haftung für die Gesamtverbindlichkeiten sei eine dem REG eigentümliche Regelung. Diese Erklärungsversuche können trotz des wiederholten Hinweises auf die besondere rechtliche Natur des REG nicht über dessen Inkonsequenz hinweghelfen. Denn das REG hat mit der Gesamthaftung der Miterben Elemente der Universalsukzession übernommen, obwohl es im Prinzip die Universalsukzession wegen der angeblich ungünstigen Auswirkungen unter den Höfegesetzen abgelehnt hat.

Folgt das Anerbengesetz dem Prinzip der Universalsukzession, so ist die Frage, für welche Schulden die weichenden Erben haften, in dem Fall umgekehrt wie bei der Spezialsukzession zu beantworten, wenn es nach dem Damnationsprälegat gestaltet ist: Da nur ein (ungeteilter) Nachlaß vorhanden ist, haftet die Erbengemeinschaft für die gemeinschaftlichen Nachlaßverbindlichkeiten insgesamt gesamtschuldnerisch bis zur Auseinandersetzung. Schwieriger wird es bei den Gesetzen, die dem Vindikationsprälegat folgen, weil hier eine dinglich wirkende Teilungsanordnung besteht.

Zunächst bereitet die Bestimmung der gemeinschaftlichen Nachlaßverbindlichkeiten Schwierigkeiten, für die mangels näherer Regelung die weichenden Erben und der Anerbe nach den allgemeinen Vorschriften über die Erbenhaftung (§§ 1967ff., 2058ff. BGB) zu haften haben[353]. Bezüglich der Nachlaßkostenschulden bestehen keine Bedenken, sie als gemeinsame Nachlaßverbindlichkeiten anzusehen.

Für die Erblasser- und die Erbfallschulden gilt dies nicht unbedingt: Erbfallschulden sind dann keine gemeinschaftlichen Nachlaßverbindlichkeiten, wenn sie nur einem der Miterben auferlegt sind (zum Beispiel Auflagen, Vermächtnisse). Von den Erblasserschulden, zu denen alle aus dem Vermögen des Erblassers herrührenden und nicht mit dessen Tode erloschenen Verbindlichkeiten zählen, sind diejenigen keine gemeinschaftlichen Nachlaßverbindlichkeiten, die gegenständlich beschränkt sind. Hierzu gehören alle rein dinglichen Schulden und die „sonstigen, auf dem Hof ruhenden Lasten“[354], wie Deich- und Siellasten, Wege- und Wasserlasten, Patronatslasten, Altenteile, die der Erblasser einem Dritten ohne dingliche Sicherung auf dem Hof eingeräumt hat usw.[355]. Für diese Nachlaßverbindlichkeiten haftet der Anerbe. Die Haftung beruht aber nicht darauf, daß das Eigentum an dem Hof bereits mit dem

---

[353]) Vgl. Lange-Wulff Anm. 200 (Fußn. 1).
[354]) Vgl. HO § 15 Abs. 2.
[355]) Vgl. Müller-Wilm S. 15ff.

Erbfall auf den Anerben übergeht[356]). Denn der Hof geht im Erbfall mit dem übrigen Vermögen als Gesamtnachlaß für eine logische Sekunde zunächst auf die Erbengemeinschaft über[357]). Sie wird für diesen Augenblick zum Gesamtberechtigten und Gesamtverpflichteten auch des „Hofesvermögens". Die dinglichen und sonstigen auf dem Hof ruhenden Lasten werden also gemeinschaftliche Nachlaßverbindlichkeiten. Nach der logischen Sekunde aber geht der Hof mit diesen Schulden und Lasten dank der dinglich wirkenden Teilungsanordnung ohne besondere Übertragungsakte der Miterben auf den Anerben über[358]). Hierdurch wird die Gesamthaftung der Erbengemeinschaft aufgelöst und für den Anerben eine Einzelhaftung begründet.

Aus diesem Verlauf des Eigentumsübergangs zunächst auf die Erbengemeinschaft und dann auf den Anerben ist es zu verstehen, daß die Erbengemeinschaft einschließlich des Anerben zum Beispiel für die Rückstände der Hypothekengewinnabgabe nach §§ 91ff. LAG gemeinschaftlich haftet. Zwar ist die Hypothekengewinnabgabe eine auf dem Grundstück ruhende öffentliche Last; sie ist daher vom jeweiligen Eigentümer zu tragen. Da aber der Erblasser als Eigentümer auch persönlich gehaftet hat (§ 111 LAG), ist die Erbengemeinschaft für die Rückstände haftbar geworden, weil sie für eine logische Sekunde Eigentümerin des Hofes geworden ist[359]).

Für die gemeinschaftlichen Nachlaßverbindlichkeiten haften die Miterben gesamtschuldnerisch mit dem eigenen und dem Nachlaßvermögen.

§ 2059 Abs. 1 BGB gibt aber den Miterben bis zur Teilung des Nachlasses das Recht, die Berichtigung der Nachlaßverbindlichkeiten aus dem eigenen Vermögen zu verweigern. Für Gesetze, die dem Damnationsprälegat folgen, ist diese Vorschrift zweifelsfrei anwendbar, weil bei ihnen die Nachlaßteilung bis zu dem Zeitpunkt hinausgeschoben ist, in dem der berufene Anerbe die Zuweisung des Hofes an sich verlangt und die weichenden Erben ihre Zustimmung dazu erteilen. Die weichenden Erben können also den Aufschub der Teilung erwirken, bis alle gemeinschaftlichen Nachlaßverbindlichkeiten berichtigt oder sichergestellt sind (§§ 2046 i. V. m. 2042 Abs. 2, 755 Abs. 1 BGB).

Anders ist es bei der dinglich wirkenden Erbteilung (Vindikationsprälegat). Da hier der Nachlaß in den meisten Fällen so gut wie vollständig geteilt wird[360]), haften die weichenden Erben bereits vom Erbfall ab mit ihrem eigenen Vermögen.

---

[356]) Lange-Wulffs (Anm. 55, 200) Auslegung der Erbfolge kann nicht eindeutig erklären, wie die Erbengemeinschaft zustandekommt.

[357]) Abzulehnen auch die Meinung von Müller-Wilm (S. 7ff.), weil er nicht das zeitliche Nebeneinander von Gesamthandseigentum und Einzeleigentum am Hof ausschaltet. Richtig kann nur ein zeitliches Nacheinander sein!

[358]) Vgl. Palandt § 2032 Anm. 1b. Der Anerbe erwirbt also den Hof nicht vom Erblasser direkt, sondern von der Erbengemeinschaft (vgl. Erman § 2059 Anm. 2).

[359]) Vgl. hierzu Wetter DNotZ 1952/502ff., Hensen DNotZ 1953/79ff. (84f.).

[360]) Bezüglich Teilung vgl. Strohal II S. 354; Coing S. 420.

Diese Benachteiligung der weichenden Erben ist schon in der Beratung des EGBGB Gegenstand der Erörterung gewesen.

Der Antrag, den weichenden Erben in diesen Fällen dennoch das Recht des § 2059 Abs. 1 BGB vorzubehalten, wurde mit der Begründung abgelehnt, daß die Landesgesetzgebung eine solche Sicherung auf Grund des Art. 64 EGBGB einführen könne, soweit sie sie für erforderlich erachte[361]). Die unter dem Einfluß des abschließend beratenen BGB und EGBGB erlassenen Anerbengesetze, insbesondere das westfälische Gesetz, haben dahingehende Vorschriften nicht aufgenommen; aus welchen Gründen dies geschehen ist, ist nicht ersichtlich[362]).

Darüber hinaus ist den weichenden Erben auch jede Möglichkeit der Haftungsbeschränkung — bis auf den Nachlaßkonkurs — genommen, so daß sie also unbeschränkt haftend bleiben[363]).

Weiter ist es fraglich, ob sie ihre Haftung von der gesamtschuldnerischen auf eine pro-rata-Haftung beschränken können (§§ 2060, 2061 BGB)[364]). Aber selbst wenn man diese Möglichkeit unterstellt, bedeutet es eine Ungerechtigkeit, wenn die weichenden Erben entsprechend ihrem Anteil am Anrechnungswert für die Nachlaßverbindlichkeiten aufkommen müssen. Wenn als Anrechnungswert zum Beispiel der Einheitswert genommen wird, hat der Anerbe für die Deckung der Nachlaßverbindlichkeiten einen etwa dreimal höheren realen Wert in den Händen als die weichenden Erben; mit anderen Worten: wenn die Abfindung gleich der auf den einzelnen Erben fallenden Quote der Nachlaßverbindlichkeiten ist, bleibt dem Anerben ein Vermögen in Höhe der Differenz zwischen Verkehrswert und Anrechnungswert, während die weichenden Erben leer ausgehen[365]), [366]).

Der hier angeschnittene Fragenkomplex, den Planck nicht zu Unrecht als einen sehr schwierigen Teil bei der Regelung des Anerbenrechts bezeichnet hat[367]), könnte dadurch einer Lösung zugeführt werden, daß der Hof zum Verkehrswert angerechnet und das Damnationsprälegat eingeführt wird. Das ist aber aus den oben dargelegten Gründen nicht zu empfehlen. Wird als Anrechnungswert der variable Ertragswert und das Vindikationsprälegat, wie vorgeschlagen, eingeführt, dann müssen eingedenk dessen, daß die Vorschriften der §§ 2058ff. BGB nicht wohl zur gleichmäßigen Wahrung der Interessen des Anerben, der weichenden

[361]) Vgl. Prot. VI S. 622ff.

[362]) Vgl. v. Laer.

[363]) Vgl. § 2062 BGB.

[364]) Vgl. Riesenfeld I S. 313, nach dem das Gläubigeraufgebot vor der Teilung erfolgt sein muß.

[365]) Die Formel, daß der Anerbe als Gesamtschuldner haftet (vgl. § 15 HO), betrifft nur den Anerben, der nicht Erbe ist, hat aber keinen Einfluß auf den (Nicht-) Eintritt einer pro-rata-Haftung.

[366]) Vgl. Dölle S. 351, der die Problematik für das REG anklingen läßt.

[367]) Bd. VI S. 147 (3 b cc).

Erben und der Nachlaßgläubiger geeignet sind, besondere Regelungen zur abweichenden Gestaltung der Rechtsbeziehungen zwischen den Beteiligten erlassen werden.

Der Haftung nach außen steht die Schuldtragungspflicht der Miterben (einschließlich des Anerben) im Innenverhältnis gegenüber.

Nach den allgemeinen Vorschriften sind die Miterben verpflichtet, die gemeinsamen Nachlaßverbindlichkeiten zu gleichen Teilen zu tragen (§ 426 BGB)[368].

Dieser Grundsatz kann im Anerbenrecht[369] nicht mit der gleichen Unbedingtheit gelten. Der Anrechnungswert, mag er der steuerliche oder wirtschaftliche Ertragswert sein, wird aus einem nach bestimmten Gesichtspunkten errechneten Reinertrag des Hofes ermittelt. In ihm ist ein erheblicher Teil derjenigen Lasten, die der Anerbe im Außenverhältnis allein zu tragen hat, durch Abzug vom Rohertrag berücksichtigt (zum Beispiel Deich- und Siellasten, Notwegrecht usw.)[370]. Diese muß der Anerbe auch im Innenverhältnis allein tragen und darf sie darüber hinaus nicht vom Anrechnungswert absetzen.

Die übrigen „gemeinschaftlichen" Nachlaßverbindlichkeiten (einschließlich der sonstigen auf dem Hofe ruhenden, im Reinertrag nicht berücksichtigten Lasten) tragen die Miterben im Innenverhältnis gemeinsam ohne Rücksicht darauf, daß der Anerbe sie unter Umständen im Außenverhältnis allein zu tragen hat.

Die Höfegesetze[371] haben aber die nach dem allgemeinen Recht vorgesehene Verpflichtung der Miterben, die Nachlaßverbindlichkeiten auch zu gleichen Teilen zu tragen, nicht übernommen. Vielmehr haben sie für die Art und Weise, wie die Miterben diese Nachlaßverbindlichkeiten untereinander zu tragen haben, einen besonderen Verteilungsplan aufgestellt: Die Nachlaßverbindlichkeiten einschließlich der auf dem Hofe ruhenden Hypotheken, Grund- und Rentenschulden, aber ohne die auf dem Hof ruhenden sonstigen Lasten sind, soweit das Allod dazu ausreicht, aus diesem zu berichtigen. Reicht das Allod nicht aus, so ist der Anerbe den Miterben gegenüber verpflichtet, sie allein zu tragen und die Miterben von ihnen zu befreien[372].

---

[368]) Dadurch, daß der Hof wenigstens für eine logische Sekunde Gesamthandseigentum geworden ist, sind die auf ihn gegenständlich beschränkten Lasten im Innenverhältnis gemeinschaftliche Nachlaßverbindlichkeiten geworden und bleiben es auch (Palandt § 2058 Anm. 3); anders bei einer auf die Person eines Miterben beschränkten Nachlaßverbindlichkeit (§ 2046 Abs. 3 BGB).

[369]) Damit ist hier das Anerbenrecht mit Universalsukzession gemeint.

[370]) Vgl. Rothkegel S. 72; Müller-Wilm S. 17 ff.; Kraft DStZ 1935/1213.

[371]) Soweit sie dem Vindikationsprälegat folgen: z. B. Rentengutsanerbengesetz §§ 17 ff., Westfalen § 26, Lauenburg § 15, Lippe § 39; nicht dagegen bei Damnationsprälegat, vgl. Baden, Brandenburg.

[372]) Vgl. statt vieler § 15 Abs. 2 u. 3 HO.

Der Grundgedanke dieser Regelung ist einleuchtend: Nach § 2046 in Verbindung mit §§ 2042 Abs. 2, 755, 753 BGB müßte in vielen Fällen der oft allein bedeutungsvolle Nachlaßgegenstand, der Hof, bei der Auseinandersetzung zur Berichtigung der Nachlaßverbindlichkeiten versilbert werden. Um den Hof in der Hand des Anerben, der ja bereits Eigentümer ist, belassen zu können und soweit als möglich schuldenfrei zu halten, sollen die Nachlaßverbindlichkeiten vorab aus dem Allod beglichen werden; nur der Schuldenrest soll von dem Anerben übernommen werden müssen, ohne daß die weichenden Erben auf Berichtigung gemäß § 2046 Abs. 3 BGB bestehen könnten.

Die Regelung selbst bedeutet, zumal in der HO, eine krasse Ungleichbehandlung von Anerben und weichenden Erben.

Der Anerbe wird zunächst völlig von den Nachlaßverbindlichkeiten, außer den „sonstigen Lasten", verschont[373]). Er behält also den Hof weitgehend unbelastet, während die weichenden Erben mit dem für sie allein „vollwertigen" Objekt des Nachlasses, dem Allod, die Nachlaßverbindlichkeiten tragen müssen. Reicht das Allod zur Schuldendeckung nicht aus, so muß zwar der Anerbe die verbleibenden Schulden übernehmen[374]), kann sie aber in vollem Umfang vom Einheitswert absetzen. Der Anerbe wird also zu Lasten der weichenden Erben um so mehr von der Abfindungslast freigestellt, als der Einheitswert und der variable Ertragswert (ohne Abzug eines Voraus) auseinanderfallen.

An der Ungleichbehandlung ändert auch nichts, daß der Anerbe an einem eventuell verbliebenen Rest des Allods erst dann beteiligt ist, wenn der auf ihn entfallende Anteil den lastenfreien Anrechnungswert des Hofes übersteigt. Denn eine Schuldtragungsverpflichtung zu gleichen Teilen ist auch hier deshalb nicht gegeben, weil der Anerbe zu Lasten der weichenden Erben einen Vorzug um die Differenz zwischen (lastenfreiem) Einheitswert und (lastenfreiem) variablen Ertragswert erhält[375]).

Die Grundlage einer befriedigenden Lösung ist wiederum allein in der Festsetzung des variablen Ertragswertes als Anrechnungswert zu sehen, von dem die Abfindungen sofort fällig werden[376]). Der Wert des Allods und der Anrechnungswert des Hofes ergeben dann den aktiven Wert des Nachlasses. Ihm stehen alle außer den vom Anerben im Innenverhältnis allein zu tragenden Verbindlichkeiten als Passiva gegenüber.

Welcher Vermögensteil, Hof oder Allod, die Schulden zuerst berichtigt, ist nicht mehr interessant. Da nämlich der Anerbe und die weichenden Erben bei der Anrechnung des Hofes zum variablen Ertragswert und ohne

[373]) Vgl. Wöhrmann (II) S. 202.

[374]) Dem Sinn und Zweck des Gesetzes nach nur bis zur Höhe des Einheitswertes (bzw. Ertragswertes: Reg. Entw.).

[375]) Vgl. hierzu § 35 Abs. 2 REG: Beteiligung erst, wenn Anteil größer als der lastenfreie Ertragswert ist.

[376]) Die unterste Grenze muß, ohne den Verkehrswert zu übersteigen, mindestens der Höhe der Grundstücksschulden bzw. des über den Wert des Allods hinausgehenden Schuldbetrages entsprechen; vgl. Guggenheim S. 79.

Gewährung eines Voraus zu gleichen Teilen an den Aktiven und den Passiven des gesamten Nachlasses beteiligt sind, hat die Summe aus Abfindung und Allodanteil bzw. aus dem auf den Anerben entfallenden Anteil am Hof und am Allod als dem gesetzlichen Anteil eines jeden Miterben am schuldenfreien Nachlaß (Überschuß) immer den gleichen Wert. Je mehr oder je weniger der Anerbe Schulden zu berichtigen übernimmt, um so geringer oder um so größer werden die (sofort fälligen) Abfindungen und um so größer oder um so geringer wird der Allodanteil.

Allerdings müßte, um den unerwünschten Effekt des § 2046 Abs. 3 BGB auszuschalten, das Recht der Miterben (weichende Erben), Berichtigung der Nachlaßverbindlichkeiten durch Versilberung des Hofes verlangen zu können, umgeformt werden in ein Recht, vom Anerben die Übernahme der Verbindlichkeiten (bis zur Höhe des Anrechnungswertes) im Wege der privativen Schuldübernahme verlangen zu können. Für den Anerben verbleibt es bei der Regelung des § 2046 BGB, nach der er die Begleichung der (über den Anrechnungswert hinausgehenden) Verbindlichkeiten aus dem Allod von den Miterben verlangen kann.

Anders verhält es sich, wenn die Fälligkeit der Abfindungen aus dem Hof hinausgeschoben oder Rentenabfindung vorgesehen ist. Würde hier der Anerbe die Nachlaßverbindlichkeiten zunächst übernehmen müssen und erhielten die weichenden Erben ihren ganzen Erbanteil aus dem Allod gezahlt, dann bekämen die weichenden Erben den Teil, der den Hof betrifft, verfrüht.

Will man das, was man mit dem Aufschub der Abfindungszahlung letztlich bezweckt, nämlich das Verbleiben des Hofes in der Hand des Anerben, erreichen, so kann das nur dadurch erfolgen, daß die fälligen und die in der Aufschubszeit fällig werdenden Verbindlichkeiten zunächst aus dem Allod zu berichtigen sind und, soweit das Allod nicht reicht, der Anerbe verpflichtet wird, die Verbindlichkeiten allein zu übernehmen[377]). Nur in diesen Fällen ist die Verteilungsvorschrift für die Tragung der Nachlaßverbindlichkeiten im Innenverhältnis notwendig und daher berechtigt.

In dem letzteren Fall der Übernahme ist der Anerbe zwar den weichenden Erben gegenüber verpflichtet, die nicht vom Allod abgedeckten Schulden zu begleichen. Die weichenden Erben haften aber ihrerseits den Nachlaßgläubigern weiter. Bei Stundung der Abfindung erhalten die weichenden Erben also ihren Anteil am Nachlaß zu einem späteren Zeitpunkt, während sie die Nachlaßverbindlichkeiten bei Inanspruchnahme früher begleichen müssen. Da dies für die weichenden Erben schwerwiegend ist, könnte man daran denken, ihnen —ähnlich dem Bürgen — für die Zeit des Zahlungsaufschubs gegenüber den Nachlaßgläubigern

[377]) Dies gilt sinngemäß bei Festsetzung des Einheitswertes als Anrechnungswert und bei Gewährung eines Voraus, weil diese Regelung getroffen werden muß, wenn die weichenden Erben ungleich behandelt werden.

ein Einrederecht auf Vorausklage einzuräumen. Ein solches Recht würde den weichenden Erben eine Sicherung ihres Vermögensstandes bieten.

Doch erheben sich dagegen Bedenken: Zwischen der Situation des Bürgen und der des weichenden Erben besteht der Unterschied, daß jener für fremde, dieser aber für eigene Schulden haftet. So ist es rechtens, dem Bürgen die Einrede der Vorausklage zu geben, weil der Gläubiger zunächst alles versuchen soll, Befriedigung vom Schuldner selbst zu erhalten. Dem Gläubiger des Erblassers kann dagegen nicht auferlegt werden, sich nur an den von mehreren Rechtsnachfolgern des Erblassers zu halten, der im Innenverhältnis zur Schuldtragung verpflichtet ist. Kann also wegen des Überwiegens der Gläubigerinteressen den weichenden Erben keine Vorzugsstellung für die Schuldenhaftung gegenüber den Nachlaßgläubigern eingeräumt werden, so kann eine Sicherung der weichenden Erben nur dadurch erreicht werden, daß sie bei Zahlungsaufschub eine genügende Sicherheitsleistung durch den Anerben erhalten[378]).

[378]) Vgl. Reg. Entw. § 12 Abs. 8.

Schlußwort

Die Untersuchungen in der vorliegenden Arbeit haben gezeigt, daß das Anerbenrecht zwei Problemkreise aufweist, die voneinander wechselbezüglich und von der allgemeinen Rechtsordnung abhängig sind: das Problem des Anerben und das Problem der weichenden Erben. Die Lösung beider Probleme muß zusammen geschehen; denn die Lösung des einen Problems bestimmt die des anderen. Ihr Maßstab ist der Gleichheitsgrundsatz des Art. 3 GG und die Erbrechtsgarantie des Art. 14 GG.

Daher mußte das Ergebnis der Untersuchung sein:

1. Alle landwirtschaftlichen Besitzungen müssen für ein gleiches ländliches Erbrecht im Intestaterbfall unterschiedslos dem Anerbengesetz unterstellt sein.

2. Alle Erbberechtigten müssen eine gleiche Anerbenberechtigung haben. Nur die nicht testamentarische Willenserklärung des Erblassers und das Leistungsprinzip, nicht aber der Mannesvorzug und das Ältesten- oder Jüngstenrecht dürfen den Anerben bestimmen.

3. Alle nicht zur Anerbschaft gelangenden Miterben müssen ein Erbrecht am Hofe erhalten, wobei sich der Erbteil in eine wertgleiche Abfindung umwandelt. Diese muß vom variablen Ertragswert ohne Abzug eines Voraus errechnet werden und sofort fällig sein. Den Miterben sind für ihren Verzicht auf eine nach dem Verkehrswert errechnete Abfindung in bestimmtem Umfang sicherbare Versorgungs- und Ausgleichsrechte zu gewähren.

4. Dem überlebenden Ehegatten müssen zur Versorgung im Alter besondere Versorgungsrechte zustehen, zu deren Erlangung er nur auf seinen Abfindungsanspruch, nicht aber auf seine Verwendungsansprüche verzichten muß.

5. Die Haftung der Miterben für die Nachlaßverbindlichkeiten darf keine andere sein als die nach allgemeinem Recht. Insbesondere muß die Haftungsbeschränkung auch bei einem Anerbengesetz nach dem Vindikationsprälegat möglich sein.

Diese Gesichtspunkte müssen bei Erlaß eines neuen Anerbengesetzes berücksichtigt werden, um einerseits mit der geltenden Rechtsordnung, andererseits aber auch mit der Anerbensitte in Einklang zu stehen.

FSC
www.fsc.org
MIX
Papier | Fördert
gute Waldnutzung
FSC® C083411

Kolibri 360 GmbH
Ferdinand-Jühlke-Straße 7
99095 Erfurt, Deutschland
produktsicherheit@kolibri360.de